Kai U. Jürgens

150 Jahre Alma an der Ostsee
*Eine Freimaurerloge aus Kiel
im Wandel der Zeiten*

Verlag Ludwig
Kiel 2016

Johann Friedrich Theodor Hussmann,
Gründer der Johannisloge *Alma an der Ostsee*

Kai U. Jürgens

150 Jahre Alma an der Ostsee
Eine Freimaurerloge aus Kiel im Wandel der Zeiten

Ludwig

INHALT

Grußwort des Logenmeisters /// 6
Verzeichnis der Logenmeister /// 8

WAS IST FREIMAUREREI? /// 11

KURZE GESCHICHTE DER FREIMAUREREI IN
DEUTSCHLAND /// 19

DIE ERSTE LOGE IN KIEL: LOUISE ZUR GEKRÖNTEN
FREUNDSCHAFT 1776–1791/1820–1824 /// 29

ALMA AN DER OSTSEE: DER ANFANG
1866–1869 /// 37

AUGUST SARTORI UND SEINE ZEIT 1869–1903 /// 45

DAS HAUS AM LORENTZENDAMM 1903–1927 /// 53

LOGE IM NIEDERGANG
1927–1935 /// 59

DER NEUBEGINN
1946–1962 /// 71

HUNDERT JAHRE ALMA: RÜCKSCHAU UND BLICK
NACH VORN 1962–1974 /// 83

VON HIER AUS: DIE ALMA IM 21. JAHRHUNDERT
1974–2016 /// 87

Anmerkungen /// 100
Bildnachweis /// 103
Schriften der Loge /// 104
Chronik /// 106
Glossar /// 107
Dank /// 110

GRUSSWORT DES LOGENMEISTERS

Es kommt nicht oft vor, dass so ein Jubiläum begangen werden kann. 150 Jahre *Alma an der Ostsee*, das ist ein Spannungsbogen, der vom Kaiserreich über zwei Weltkriege bis in die deutsche Wiedervereinigung führt. Dazu gehören achtzehn Logenmeister, mehrere Logenhäuser und in der mitgliederstärksten Zeit fast 400 Brüder; es spielen aber auch die schwierige Zeit des Nationalsozialismus und der zähe Wiederbeginn nach 1945 eine Rolle. Glücklicherweise folgten dann die Liberalisierung und ein seit fünfundzwanzig Jahren steter Zuwachs an Mitgliedern. Dies alles sind Zahlen, Fakten und Daten, die allerdings nur wenig von dem wiedergeben, was diese Loge im Laufe ihrer Zeit für ihre Mitglieder, die Brüder, war und ist: nämlich eine geistige Heimat.

Die *Alma* bietet einen Ort der intellektuellen Auseinandersetzung und damit einen geschützten und bewährten Raum; ihre Mitglieder verfügen über Standfestigkeit in ihren Belangen, eine tief empfundene Herzlichkeit und ausgeprägtes gegenseitiges Vertrauen. Die Loge ist ebenso beredt wie verschwiegen. Sie bleibt vielfältig in ihren Meinungen und zuverlässig in ihrem Ritual; sie glänzt durch Facettenreichtum und eint zugleich die Vielzahl ihrer Mitglieder hinter den Idealen der Bruderschaft – dem Wunsch jedes Einzelnen, einen Lebensweg besser zu gehen. Genau das macht die Freimaurerei und damit die *Alma* so zukunftsfähig.

Der vorliegende Band fasst die Geschichte der Loge zusammen, wobei er sich in Form wie Inhalt deutlich von den bisherigen Chroniken und Jubiläumsschriften abhebt. Ziel des Buchs ist es, Wissen zu sichern, Anregungen für die weitere Forschung zu geben und Einblicke in die vielfältigen Aspekte der Kieler Freimaurerei zu gewähren. Daher wurde die Schrift bewusst nicht nur für Mitglieder der *Alma*, sondern für alle Interessierten geschrieben.

Mit herzlichen Wünschen für eine inspirierende Lektüre,

Norbert Jürgensen,
Logenmeister.

VERZEICHNIS DER LOGENMEISTER

1866–1869:
Johann Friedrich Theodor Hussmann
(30. Mai 1797 – 16. November 1881)
1869–1874:
Friedrich Ludwig Otto Zschüschner
(16. September 1827 – 24. September 1893)
1874–1892:
Prof. Gustav Karsten
(24. November 1820 – 15. März 1900)
1892–1903:
August Sartori
(16. Juni 1837 – 15. Oktober 1903)
1903–1906:
Andreas Christian Heinrich Mau
(6. September 1842 – 22. Juni 1916)
1906–1915:
Paul Johann Ernst Toeche
(26. März 1841 – 30. April 1916)
1915–1927:
Theodor Heinrich Friedrich Mumm
(18. August 1856 – 12. Oktober 1928)
1927–1935:
Wilhelm Edding
(2. Dezember 1867 – 10. April 1948)
1946–1959:
Dr. Rudolf Thietz
(15. März 1885 – 18. August 1966)

1959–1962:
Otto Fritz Schwartz
(4. Juli 1909 – 30. November 1986)
1962–1974:
Dr. Günter Strassner
(7. Mai 1920 – 1. Oktober 2003)
1974–1980:
Harry Karsten
(17. Oktober 1926 – 11. März 1993)
1980–1983:
Karl-Heinz Nissen
(29. Juni 1923 – 27. November 1994)
1983–1986:
Harry Karsten
(17. Oktober 1926 – 11. März 1993)
1986–1995:
Konrad Albers
(*11. August 1934)
1995–2001:
Hans-Walter Reuthal
(*1. Januar 1939)
2001–2010:
Dr. Eyke Bettinghausen
(*27. Januar 1944)
2010–2015:
Alan Arrowsmith
(22. April 1947 – 30. August 2015)
Seit 2015:
Norbert Jürgensen
(*11. April 1959)

LOGENSIEGEL

Das Siegel der Loge *Alma an der Ostsee* wurde kurz nach ihrer Gründung 1866 vom ersten Logenmeister Johann Hussmann eingeführt. Abgebildet ist ein Träger zweier Fackeln, der damit zu einem Überbringer einer doppelten Weisheit aufgewertet wird oder – auch diese Lesart ist denkbar – mit zwei Fackeln zugleich die Weisheit sucht. Er sitzt hinter einem mit Winkelmaß (oben) und Zirkel (unten) versehenen Altar, der von freimaurerischen Symbolen umgeben ist: die Weltkugel in Form eines Globus, der behauene Stein, das Senkblei, Kelle und (Meister-)Hammer, Winkelwaage sowie – als Memento mori – ein Schädel mit gekreuzten Knochen. Die Bibel fehlt, was jedoch durch das Zitat aus dem Johannesevangelium kompensiert wird: »Dann werdet ihr die Wahrheit erkennen und die Wahrheit wird euch frei machen« (Joh. 8, 32). Dies entspricht Hussmanns Vorstellungen: »Ich wünsche der ›Alma‹, dass sie eine heilbringende Mutter, alma mater, der Wahrheit werde.«

WAS IST FREIMAUREREI?

*Die Erziehung zur Gesinnung ist die vornehmste Aufgabe
der Freimaurerei. Durch die Gesinnung allein werden die
Meinungen überbrückt, die uns Menschen voneinander trennen.*
J.W. von Goethe (1749–1832)

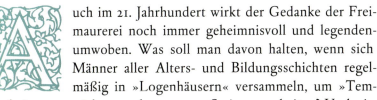uch im 21. Jahrhundert wirkt der Gedanke der Freimaurerei noch immer geheimnisvoll und legendenumwoben. Was soll man davon halten, wenn sich Männer aller Alters- und Bildungsschichten regelmäßig in »Logenhäusern« versammeln, um »Tempelarbeit« zu verrichten und »am rauen Stein« zu arbeiten? Und wie ist es einzuschätzen, wenn über die eigenen »Rituale« nichts an die Außenwelt dringen soll und sich auf die historische Folie der »Alten Pflichten« berufen wird? Manch einer denkt an die Verschwörungsromane eines Umberto Eco oder Dan Brown und gewinnt vielleicht den Eindruck, es mit einem wenig zeitgemäßen Phänomen zu tun zu haben.

Doch nichts könnte falscher sein. Die Freimaurerei ist eine wesentliche Stütze der europäischen Aufklärung, in deren Sinne sie weiterhin wirkt; sie versteht sich als Zusammenschluss geistig freier Menschen, die durch kontinuierliche Arbeit an sich selbst zu einer Verbesserung der Gesellschaft beitragen wollen. Dazu bedient sie sich bestimmter Verfahrensweisen, über die gegenüber Außenstehenden ungern gesprochen wird – aber nicht, weil Geheimnisse zu schützen wären, sondern weil ein gewisses Maß an Verschwiegenheit dabei hilft, die internen Angelegenheiten und Debatten mit größerem Ernst anzugehen. Tatsächlich sind die Grundlagen und Ziele freimaurerischer Arbeit ebenso bekannt wie die Satzung, die jeder Loge zugrunde liegt; auch die Anschriften von Logenhäusern können ebenso leicht ermittelt werden wie die Termine jener Veranstaltungen, die Interessierten ganz unverbindlich Einblick gewähren. Die Vorstellung verschwörerischer Geheimbundaktivität mag ihren Reiz haben, sie hat jedoch mit freimaurerischer Realität nicht das Geringste zu tun.

Was die Freimaurerei hingegen tatsächlich ausmacht, ist ihre zutiefst humanistische Ausrichtung. Der Bund entwickelt zwar kein eigenes ethisches System und versucht nicht, entsprechende Überzeugungen in politische Programme zu übertragen; durch die Vermittlung von Wertepositionen werden aber Orientierungen für das Denken und Handeln der Mitglieder vorgegeben.[1] Es geht um nichts weniger als den Menschen und die Vorstellung einer Menschenwürde, die unveränderlich und den sozialen Gegebenheiten übergeordnet ist. Um diesem Ideal Gewicht zu verleihen, wird seit spätestens 1789 auf jene fünf aufklärerischen Grundpfeiler zurückgegriffen, die den Kern freimaurerischen Denkens ausmachen, nämlich Freiheit, Gleichheit, Brüderlichkeit, Toleranz und Humanität. *Freiheit* steht dabei als Überwindung von Unterdrückung und Ausbeutung, als Grundlage dafür, dem Individuum die Umsetzung seiner geistigen Unabhängigkeit und individuellen Selbstverwirklichung zu ermöglichen. Dies geschieht vor dem Hintergrund einer *Gleichheit* aller Menschen, die soziale Gegensätze überwindet und sich insbesondere rechtlich – also vor dem Gesetz – auswirkt. Hiermit eng verbunden ist der Gedanke der *Brüderlichkeit*, der sich in Mitverantwortung, gegenseitigem Vertrauen und einem fortwährenden Dialog mit- und untereinander äußert. Das hierbei entwickelte Verständnis für die Belange des Gegenübers führt zur *Toleranz*, die Aufmerksamkeit und Interesse für andere Überzeugungen beinhaltet und die Basis für ein umgängliches Miteinander darstellt. Anpassung und Nachgiebigkeit sind dabei zu vermeiden.

Die *Humanität* schließlich bildet die grundlegende Summe dieser vier Überzeugungen, die durch »Tempelarbeit« gefördert werden soll. Der Begriff »Tempel« meint hierbei zum einen den entsprechenden Ritualraum im Logenhaus, zum anderen aber den symbolischen »Tempel der Humanität«, der als Ergebnis aller Bestrebungen errichtet werden soll. Hier hat dann auch das Bild vom »rauen Stein« seinen Platz, geht es doch darum, den Tempel Stück für Stück aufzubauen. Da aber der Mensch als Person »ungeschliffen« und somit ein »rauer Stein« ist, geht es darum, dessen Oberfläche durch stetig wachsende Selbsterkenntnis und -vervollkommnung zu »glätten«, um ihn dann dem Tempelgebäude einpassen zu können. Im Mittelpunkt steht also das Erkennen und Beheben von eigenen Fehlern – ein ebenso schmerzhafter wie unverzichtbarer Prozess, den jeder Freimaurer nur für sich anzunehmen und umzusetzen vermag. Letztlich geht es um Selbstüberwindung mit der Absicht, ein umsichtiger, vernünftiger und damit auch harmonischer Mensch zu werden. Dass dieser Vorgang per se unabschließbar ist, lässt sich nicht verhindern und wird daher im Sinne einer »Lebensaufgabe« billigend in Kauf genommen. Auch bei den Freimaurern ist der Weg wichtiger als das Ziel – dieses wird aber dennoch keineswegs aus den Augen verloren.

In diesen Zusammenhang gehören auch zwei der drei Hauptsymbole der Freimaurerei. Das *Winkelmaß* steht für die Weisheit, nach der der Mensch seine Handlungen ausrichten soll. So, wie das Winkelmaß in der Baukunst den »rechten Winkel« bestimmt, kann auch der Mensch danach streben, dass sich sein Tun immer innerhalb der menschlich wie rechtlich »richtigen« Bahnen bewegt; dabei geht es um Vernunft und Gewissen. Der *Zirkel* hingegen symbolisiert die Arbeit des Freimaurers an sich selbst, und zwar intellektuell wie emotional. Er steht für die Ordnung des eigenen Gefühlslebens als auch – im Sinne eines umfassenden Menschenbildes – für die Hinwendung zum Mitmenschen. Zudem verbindet der Zirkel die Freimaurer untereinander, weil jede seiner Spitzen im Herzen eines der ihren verankert ist. Ein drittes Symbol des Freimaurertums hingegen ist die *Bibel*, der allerdings ausdrücklich keine dogmatische, sondern eine übertragene Bedeutung zugesprochen wird. Sie gilt daher als ethisches Dokument, als eine Sittenlehre, der unabhängig von der persönlichen Perspektive sinnstiftendes Format zukommt. In dieser Rolle ist sie – Stichwort Aufklärung – auch immer wieder Gegenstand von Debatten, die auf ihre Ablösung drängen; in der Tat gibt es Logen, die die Bibel bei der Tempelarbeit nicht verwenden oder ersetzt haben. Eine andere Lösung besteht darin, zusätzliche Texte heranzuziehen – etwa den Koran, wenn sich eine Loge ausschließlich aus Muslimen zusammensetzt. Tatsache aber bleibt, dass die Freimaurerei in der Bibel ein Symbol sieht, das in ihrem Ritus fest verankert ist, aber kein individuelles Bekenntnis nötig macht. Bibelgläubigkeit ist keine Voraussetzung dafür, Freimaurer zu sein. Lediglich das Bekenntnis zu Jesus Christus und seinen Lehren ist bindend und daher in der *Großen Landesloge der Freimaurer von Deutschland*, zu der auch die *Alma* gehört, Voraussetzung.

Eine andere Rolle spielen hingegen die »Alten Pflichten«, die sich als »Grundgesetz« der Freimaurerei bezeichnen lassen. Es handelt sich um eine Sammlung von Regeln und Bestimmungen, die 1723 unter dem Titel *The Constitutions of the Free-Masons* vorgelegt wurde und bis heute Gültigkeit besitzt. Ihr Verfasser ist der presbyterianische Prediger James Anderson (um 1678–1739), der vom englischen Großmeister den Auftrag erhielt, eine Brücke zwischen traditionellen Vorstellungen und den Herausforderungen einer neuen Zeit zu entwerfen. Der regulär im Buchhandel erschienene Band regelt sowohl logeninterne Verhältnisse als auch die allgemeine Haltung zu Staat, Religion und Politik; es ist nicht ohne Ironie, dass Anderson für seine Arbeit so heftig kritisiert wurde, dass er einige Jahre lang auf Logenbesuche verzichtete. Eine große Rolle spielte dabei seine Forderung, neue Logen von Seiten der übergeordneten englischen Großloge nur dann anzuerkennen, wenn sie die *Constitutions of the Free-Masons* akzeptierten, was von vielen Freimaurern als Affront begriffen wurde. Unterdessen haben sich die Gesetze unter dem Begriff »Old Charges« durchgesetzt, auch wenn viele Abschnitte von Andersons vieldiskutierter Schrift veraltet sind und nicht mehr herangezogen werden.

Winkelmaß, Zirkel, Bibel und bisweilen auch eine Ausgabe der »Alten Pflichten« haben ihren Platz bei der rituellen »Tempelarbeit«. Diese ist ein zentraler Aspekt freimaurerischer Praxis und findet in einem mal mehr, mal weniger feierlich ausgestatteten Raum im Logenhaus statt. Anders als der Name vermuten lässt, ist der Tempel jedoch kein Ort religiöser Hingabe; dem widerspricht bereits die Anordnung der Sitze, die auf die zentrale »Arbeitstafel« hin ausgerichtet sind. Es handelt sich vielmehr um einen geschützten Ort, der – in Anspielung auf den salomonischen Tempel – einen idealen geistigen Raum bezeichnet, nämlich den »Tempel der Humanität«. Dieses Leitbild ist der Fixstern, an dem sich alle freimaurerische Arbeit orientiert. »Tempelarbeit« ist daher in erster Linie ein geistiger Prozess, auch wenn Handlungen ausgeführt werden, und gleicht einem Mysterienspiel. Man greift auf Symbole zurück – auf eine sinnbeladene Ikonographie, metaphorische Erläuterungen, phantasievolle Legenden und geordnete rituelle Abläufe. Das dabei erfahrene Gemeinschaftsgefühl stärkt nicht nur den Zusammenhalt der Logenmitglieder, sondern ist darüber hinaus eine Erfahrung, bei der der Mensch – und eben keine Gottheit – im Mittelpunkt steht. Wesentlich ist dabei das Bestreben des Menschen, die eigene Unvollkommenheit reduzieren zu wollen, auch wenn sie sich wesensbedingt niemals gänzlich überwinden lässt. Daher wurde der Begriff der »Arbeit« gewählt, weil es eben nicht um Andacht, sondern um tätiges Verändern geht. Bei diesem unabschließbaren Vorgang sind alle gestalterischen Fähigkeiten gemeint, über die das jeweilige Individuum verfügt. Die Tempelarbeit will an diese stets neu anzugehende Aufgabe erinnern; sie vergegenwärtigt auf symbolischem Weg Praktiken und Vorstellungen, die die Arbeit am »rauen Stein« voranbringen sollen.

Welche Kanten dabei im übertragenen Sinne »abzuschlagen« oder »zu glätten« sind, um ein gesteigertes Maß an Selbsterkenntnis zu ermöglichen, kann jeder Freimaurer nur für sich entscheiden. Sein Weg ist vorgezeichnet im Gradsystem der *blauen Johannisfreimaurerei*, das übergreifend für jede Loge gilt und von alten handwerklichen Traditionen abgeleitet wurde: Lehrling, Geselle und Meister. Jeder neu in eine Loge aufgenommene Freimaurer ist zunächst ein *Lehrling*, der sich in erster Linie mit sich selbst beschäftigt; seine Aufgabe lautet daher: »Schau in Dich!« Es geht um Introspektion und die hieraus abzuleitenden Erkenntnisse, die nicht unbedingt auf Defizite hinauslaufen müssen – eine große Rolle spielen auch unausgeführte Möglichkeiten. Um den eigenen Stein »bearbeiten« zu können, werden dem Lehrling während der Tempelarbeit symbolische »Werkzeuge« zur Hand gegeben, deren Gebrauch eingeübt wird, um eine innere Entwicklung anzuregen. Hierzu gehört auch, Hilfe von außen anzunehmen und bereit zu sein, selbst Hilfestellung zu leisten, wenn jemand auf diese Weise in seiner individuellen Entwicklung gefördert werden kann.

Der *Geselle* hat das Motto »Schau um Dich!« Nachdem er sich mit seinen Schwächen und Stärken beschäftigt hat, geht es nun darum, den bereits »behauenen« Stein in das ideale Bauwerk der Humanität einzufügen, wozu das eigene Sozialverhalten reflektiert werden muss. Idealerweise hat der Geselle – einem Handwerker auf der »Walz«

vergleichbar – die Möglichkeit, andere Logen zu besuchen und weitere Aspekte der Freimaurerei kennenzulernen. Eine intensive Beschäftigung mit den *septem artes liberales*, den *Sieben freien Künsten* der Antike (Grammatik, Arithmetik, Geometrie sowie Musik, Astronomie, Dialektik und Rhetorik) wird allgemein von vielen Logen als hilfreich empfunden, da diese Wissenschaften in traditioneller Lesart die dem »freien Mann ziemende Bildung« ausmachen. Kennzeichen des Gesellengrades ist die Erkenntnis, sich mit all seinen Taten in einem Gefüge zu bewegen – keine Handlung steht für sich, alle Aktionen sind miteinander verknüpft und bilden eine größere Einheit. Dies bedeutet, dass jedes Verhalten gut durchdacht sein will, weil es in einem ganz allgemeinen Sinne Konsequenzen nach sich zieht. Dies bringt einerseits Verantwortung mit sich, eröffnet andererseits aber auch Spielräume, da die Welt als form- und gestaltbar gedacht wird. Positives Handeln bringt deshalb auch die Chance zu positiven Veränderungen mit sich.

Der dritte Grad der Freimaurerei ist der des *Meisters*, dem die Aufgabe »Schau über Dich!« zukommt. Ihm soll bei seinem Handeln stets bewusst sein, dass alle erworbenen Kenntnisse nur vorläufig sind und daher der Weitergabe bedürfen. Einerseits leitet er seine Logenbrüder zur Selbsterkenntnis an, andererseits hat er die Grenzen im Blick, die dem Menschen sowohl von seinem Wesen als auch von seiner Lebensdauer her gesetzt sind. Die Perspektive des Meisters gilt daher auch dem Überzeitlichen oder – wenn man so will – dem Göttlichen, wobei hierbei wieder ausschließlich ein Symbol gemeint ist. Geselle und Meister wird man durch das Bestehen einer kleinen Prüfung. Aus der Gruppe der Meister wird zudem ein Logenmeister gewählt, dem organisatorische wie repräsentative Aufgaben zufallen und der bei der Tempelarbeit einen besonderen Platz einnimmt. Dieser ist leicht erhöht, aber immer nach Osten ausgerichtet, jenem Ort, aus dem traditioneller Überlieferung zufolge alles Licht kommt.

Neben den drei blauen Johannisgraden existieren noch *Hochgrade oder weiterführende Grade*, zwischen denen eine grundsätzliche Trennung besteht. Wer den Johannis-Meistergrad besitzt, kann höhere Grade anstreben, um so bestimmte Aspekte der Freimaurerei zu vertiefen oder zu weiterführenden Erkenntnissen zu gelangen, wobei das Verfahren von der Lehrart der jeweiligen Loge abhängt. Bei den Vertretern des sogenannten *Schwedischen Systems* wie der *Großen Landesloge der Freimaurer von Deutschland* gibt es diese Zäsur zwischen den Johannislogen und den Werkstätten weiterführender Grade, die als Erkenntnisstufen bezeichnet werden und in Andreaslogen und Kapitel gegliedert sind, nicht. Vielmehr existiert ein Lehrgebäude, in dem der Lehrling bis zur zehnten Erkenntnisstufe bruchlos aufzusteigen vermag. Dies gilt damit auch für die Mitglieder der *Alma an der Ostsee*.

Schließlich: Wie wird man Freimaurer – und wie wird aus einem *Suchenden* ein *Bruder*? Vorbedingung ist nur, »ein freier Mann von gutem Ruf« zu sein, wobei sich »Freiheit« weniger auf ökonomische Spielräume als auf Vorurteilslosigkeit und selbständiges Denken bezieht. Über einen neuen Kandidaten wird nach ausführlichen vorbereitenden Gesprächen, die der gegenseitigen Einschätzung dienen, in geheimer Wahl abgestimmt. Die Aufnahme geschieht dann in Form eines Initiationsrituals. Übrigens: Auch wenn in den »Alten Pflichten« festgelegt ist, dass nur Männer Freimaurer werden können, gibt es längst Frauenlogen, deren Arbeit gewürdigt wird, auch wenn es offiziell keine Anerkennung durch die englische Großloge geben kann. Man behilft sich stattdessen mit »inoffiziellen« Kontakten.

KURZE GESCHICHTE DER FREIMAUREREI IN DEUTSCHLAND

Die Freimaurerei ist nichts Willkürliches, nichts Entbehrliches, sondern etwas Notwendiges, das im Wesen der Menschen und der bürgerlichen Gesellschaft gegründet ist.
Gotthold Ephraim Lessing (1729–81)

ie Entwicklung der Freimaurerei gleicht einem Spaziergang durch die Geschichte, die sie fortwährend begleitet hat. Ihr Brauchtum, das Ritual und die verwendeten Symbole gehen auf frühe Gemeinschaften von Steinmetzen zurück, die beim Kirchenbau beschäftigt waren und daher der Auftragslage entsprechend durch Deutschland und Europa reisten. Dabei sammelten sie unschätzbare Erfahrungen. Als Alternative zu den ortsansässigen Zünften etablierten die Steinmetze die »Bauhütten« (»Lodges«), die es den Reisenden nicht nur ermöglichten, von Stadt zu Stadt zu ziehen und trotzdem unter ihresgleichen Aufnahme zu finden. Die Akzeptanz in einer Bauhütte war zugleich Beweis der handwerklichen Fähigkeiten, da man nur über geheim gehaltene Zeichen und Passwörter Zutritt

LOGENBIJOU

Bijou *Louise zur gekrönten Freundschaft* (1776),
Bijou *Alma an der Ostsee* (seit 1980)

In freimaurerischer Terminologie ist mit »Bijou« ein Abzeichen gemeint, das den Träger als Mitglied einer bestimmten Loge ausweist. Die *Alma an der Ostsee* verfügt seit etwa 1980 über ein Bijou. Es ist weitgehend deckungsgleich mit dem der Vorgängerloge *Louise zur gekrönten Freundschaft* und wurde nur im Hinblick auf die Hinzufügung des Logennamens aktualisiert. Unter dem blauen Ordensband ist der Schriftzug »Louise« mit einer darüber befindlichen Fürstenkrone angeordnet, was auf die Namenspatronin der ersten Kieler Loge verweist. Das Zentrum zeigt im Westen den mosaikartigen Fußboden, der zu den drei Zieraten auf der Arbeitstafel gehört. Mit seinen das Licht und die Finsternis symbolisierenden weißen und schwarzen Quadraten ist er das Fundament, auf dem sich der Tempel aufbaut. Die Säule ist ein Bestandteil der auf der Arbeitstafel dargestellten vier Gleichnisse. Die verschlungenen Hände hingegen zeigen, dass sich die Freimaurer über alle Zeiten und Gewalten hinweg ewig verbunden bleiben.

erhielt. Diese sehr fortschrittliche Idee führte zu einem beachtlichen Netzwerk. Bereits 1278 wird beim Bau eines englischen Zisterzienserklosters eine »Loge« erwähnt, und der Begriff »freemason« – also »Freimaurer« – findet sich das erste Mal 1396 in Dokumenten der Kathedrale von Exeter. Heinrich VII., der Begründer der Tudor-Dynastie, erwähnt ihn 1495 in seinen Reichsstatuten, und 1537 bezeichnet eine Londoner Gilde ihre Mitglieder als »freemasons«. Der Begriff wurde von *freestone-masons* abgeleitet, den Kunstbildhauern und Bauplanern dieser Zeit, während die *roughstone-masons* in erster Linie für die gröberen Arbeiten zuständig waren. Eine andere Erklärung mag sein, dass diese Steinmetze wie auch die »Freien Kaufleute« keinem Zunftzwang unterlagen und so in ganz Europa ihre Dienste anbieten konnten, z.B. für den höchst riskanten Kathedralenbau. Hier hat auch die Verschwiegenheit der Freimaurer ihren Ursprung, da aus Gründen der Existenzsicherung handwerkliche Geheimnisse gehütet werden mussten. Bereits um 1390 wurde die Zunftordnung in Form eines Gedichts niedergelegt, das heute als *Regius-* oder *Halliwell-Manuskript* bekannt ist und durch seine Reimform den jungen Handwerkern das Auswendiglernen erleichtern sollte. Ausschlaggebend für die Aufnahme in eine Loge war schon damals die Eignung und nicht etwa ein durch Geburt oder Standeszugehörigkeit bewirktes Privileg. Dies bedeutet, dass es um Bildung und Qualifikation ging – und um Toleranz, für die die Freimaurer schon damals bekannt waren.

Am 24. Juni 1717 kam es zur Gründung der ersten Großloge, als sich vier bereits seit Jahren bestehende Freimaurerbünde zur bis heute bestehenden *United Grand Lodge of England* zusammenschlossen. Hiermit waren drei Entwicklungen verbunden. Zum einen rückte der geistige Aspekt der Bruderschaft stärker in den Vordergrund. Es ging nun immer weniger um tatsächliche Zugehörigkeit zum Steinmetzgewerbe, sondern es fand – in einem langwierigen Prozess, der bereits im späten 16. Jahrhunderts eingesetzt haben muss – eine Öffnung für alle Berufsgruppen statt. Daran gekoppelt war eine Umwandlung von der handwerklich geprägten (»operativen«) in eine am Geist ausgerichtete (»spekulative«) Freimaurerei, die sich auf die symbolisch verstandene Arbeit an einem idealen Gebäude konzentriert. Auch wenn die entsprechenden Begriffe erst später aufkamen, gilt das Jahr 1717 als Geburtsjahr des modernen und symbolisch orientierten Freimaurertums. Dies bedeutete zweitens, dass sich die Attraktivität der Logen weiter erhöhte. Die Logenhäuser boten für Kaufleute, Wissenschaftler, Handwerker und übrigens auch Adlige einen Freiraum, um eigenständige Ideen zu entwickeln und zu diskutieren; genau hierin liegt ihre Nähe zur Aufklärung, als deren Motto Immanuel Kant gegen Ende des 18. Jahrhunderts die Formulierung des Dichters Horaz »sapere aude« (»Wage es, weise zu sein«) aufgriff: »Habe Mut, dich deines eigenen Verstandes zu bedienen!« Entsprechend taten sich zahlreiche Freimaurer als Vertreter der Aufklärung hervor, in Frankreich beispielsweise die Enzyklopädisten wie Jean Lerond d'Alembert und Voltaire, in Deutschland Autoren wie Gottfried Herder, Gotthold Ephraim Lessing und Christoph Friedrich Nicolai. Auch Johann Wolfgang von Goethe war – wenngleich mit Unterbrechungen, was seine entsprechenden Aktivitäten betraf – Freimaurer. In der Musik machte sich ebenfalls die Aufbruchsstimmung bemerkbar: Mozarts 1791 uraufgeführte Oper *Die Zauberflöte* thematisiert den Konflikt zwischen den fortschrittlichen und überkommenen Kräften, wobei zahlreiche freimaurische Motive eingeflochten werden – was nicht erstaunlich ist, denn sowohl Wolfgang Amadeus Mozart als auch der Librettist Emanuel Schikaneder waren – genauso etwa wie Joseph Haydn – Logenmitglieder.

Der dritte Aspekt, der mit der Gründung der englischen Großloge verbunden war, betrifft die Freimaurerei als Organisation. Nun konnte sich eine Struktur entwickeln, die die Gesamtheit aller Logen betraf und eine ideelle Vereinigung anstrebte. Grundlage hierbei war die bereits erwähnte Schrift *Constitutions of the Free-Masons* (1723) von James Anderson, die ein Regelwerk entwarf, das für alle Freimaurer verbindlich werden sollte. Dies bedeutet bis heute, dass eine Loge nur dann »regulär« ist, wenn sie die »Alten Pflichten« respektiert und von Seiten der zuständigen Großloge anerkannt wird.

Die Gründung der englischen Großloge bestärkte aber auch die Entwicklung der Freimaurerei, die im 18. Jahrhundert beispiellos expandierte. Insbesondere Kaufleute, aber auch Exilanten brachten die Idee des Logentums aus England in ihre jeweiligen Heimatländer – zum Beispiel nach Frankreich, dem ersten Land, in dem die Freimaurer nach 1717 mit einer breiten Basis vertreten waren; bereits 1723 soll eine Loge in Paris existiert haben. Dass sich die Freimaurerei durchzusetzen vermochte, ist angesichts von Absolutismus und einer uneingeschränkt agierenden katholischen Kirche kein geringes Verdienst; und tatsächlich sollte das Aufkommen der Revolution von 1789 von nicht wenigen Freimaurern begrüßt oder sogar tatkräftig unterstützt werden. Allerdings: Der dann anhebenden Schreckensherrschaft, die eine Verkehrung der ursprünglichen Absichten bedeutete, fielen nicht eben wenige zum Opfer. Auch die katholische Kirche tat sich mit den Verhältnissen schwer. Sie verurteilte die Freimaurerei mehrfach; zuerst 1738 durch Papst Clemens XII. Als problematisch galten nicht zuletzt das freimaurerische Geheimnis, die Betonung moralischer Werte und der Verzicht auf ein religiöses Bekenntnis. Bisweilen ging sogar die Inquisition gegen Logenbrüder vor. Bis heute sieht die katholische Kirche das Freimaurertum als unvereinbar mit ihren Prinzipien an.

Auch in Deutschland kam es zu einer eindrucksvollen Ausbreitung. Bereits für 1733 ist ein erster Versuch verbürgt, in Hamburg eine Loge zu gründen, was 1737 gelang und im Folgejahr zur Aufnahme des Kronprinzen von Preußen führte, dem späteren König Friedrich dem Großen. 1740 wurde die Loge durch die englische Großloge autorisiert und fand nach einigen Umwegen 1765 zu dem Namen *Absalom zu den drei Nesseln*, den sie bis heute trägt. Damit ist sie die älteste Loge in Deutschland. Es folgten weitere Logengründungen, wie etwa in Dresden (1738), Bayreuth und Leipzig (beide 1741). Im Rahmen dieser Ausbreitung entstanden bald auch weiterführende Organisationsstufen, die sich als »Provinzial-Großlogen« oder »Mutterlogen« bezeichneten und als übergeordnete Instanzen fungierten. Eine davon ist die 1740 in Berlin gegründete Loge *Aux trois Globes*, die ab 1744 als *Große National-Mutterloge »Zu den drei Weltkugeln«* firmiert, bis heute existiert und damit die älteste ihrer Art ist.

Im 18. Jahrhundert wurden mehrere miteinander konkurrierende Hochgradsysteme entwickelt, also jene weiterführenden Ränge, die den Bereich jenseits der drei »blauen« Johannisgrade erschließen. Manche davon stellen aus heutiger Sicht eine Fehlentwicklung dar; hierzu gehört etwa die *Strikte Observanz*, eine Lehre, die die Freimaurerei mit den Tempelrittern in Verbindung zu bringen versuchte und damit kurzfristig sehr einflussreich war, bis sich die Idee als unhaltbar erwiesen hatte. Von besonderem Interesse ist das bereits erwähnte *Schwedische System*, das sich Mitte des 18. Jahrhunderts in den skandinavischen Ländern ausbreitete und eine christlich orientierte Lehrart darstellt. Im Gegensatz zu anderen Hochgradsystemen zeichnet sie sich durch eine große innere Geschlossenheit aus, da die weiterführenden Grade nicht in getrennte Organisationen ausgelagert wurden, sondern ein festes Gesamtgefüge ergeben. Auf die drei bereits genannten Johannisgrade folgen drei Andreasgrade und schließlich vier Kapitelgrade sowie ein Ehrengrad. In Deutschland wurde das *Schwedische System* von dem Arzt Johann Wilhelm Kellner von Zinnendorf (1731–1782) etabliert, der eine Reihe von Modifikationen vornahm und 1770 die *Große Landesloge der Freimaurer von Deutschland* gründete, die drei Jahre später in England anerkannt wurde und dieses System bis heute vertritt.

Ende des 18. Jahrhunderts konsolidiert sich die Freimaurerei, obwohl die Großlogen durchaus in Konkurrenz zueinander standen. Auf der Suche nach einer übergreifenden Einheit kam es zu Reformen und zu Unabhängigkeitsbestrebungen gegenüber der englischen Mutterloge; mehr denn je wurde eine übergeordnete Organisation gesucht, um sowohl die gemeinsamen Interessen vertreten als auch auf die Mitgliedergroßlogen integrativ wirken zu können. Zur Gründung des *Deutschen Großlogenbundes* kam es jedoch erst 1871/72; ihm schlossen sich immerhin acht Großlogen an. Eine wichtige Leistung der Freimaurerei im 19. Jahrhundert war die Etablierung von wohltätigen Stiftungen, die den maßgeblichen humanitären Anspruch der Logen demonstriert.

Eine herausragende Publikation dieser Zeit war *Das allgemeine Handbuch der Freimaurerei*, das durch den *Verein deutscher Freimaurer* stark gefördert wurde und dank dieser Unterstützung 1900 in dritter Auflage erscheinen konnte. Die Logen fungieren nun immer mehr als Anlaufstellen für das erstarkende Bürgertum, dessen Werte – wie Anstand, Respekt und Hilfsbereitschaft – von der Freimaurerei mitgetragen wurden.

Die erste Hälfte des 20. Jahrhunderts sollte sich als eine sehr schwierige Zeit für die deutsche Freimaurerei herausstellen. Während des Ersten Weltkriegs war sie international isoliert; nach dessen Ende wurde sie durch national-konservative, zum Teil aus völkischem Gedankengut abgeleitete Haltungen bedrängt. Allerdings dauert die Aufarbeitung dieser Jahre an und ist weiterhin Gegenstand kontrovers geführter Debatten. Dies betrifft insbesondere antisemitische und völkische Tendenzen, die auch unter Freimaurern geläufig waren. So traten 1922 die mitgliederstarken drei altpreußischen Großlogen aus dem *Deutschen Großlogenbund* aus, weil sie dessen pazifistische, auf Versöhnung und internationale Kooperation ausgelegte Haltung nicht unterstützten. Der *Großlogenbund* wurde daraufhin aufgelöst. Nachdem die Nationalsozialisten an die Macht gekommen waren, sah sich das Freimaurertum offenen Angriffen ausgesetzt und strebte zunächst eine Bestandssicherung durch Umbenennung und opportunistisches Verhalten an. Doch dem Versuch der drei altpreußischen Großlogen, als *Deutsch-christlicher Orden* weiterzubestehen, war kein Erfolg beschieden. Trotz Einführung des Arierparagraphen sowie Tilgung sämtlicher Ritualbezüge zu Judentum und Altem Testament wurden die altpreußischen Großlogen 1935 zur Schließung gezwungen, da der Totalitätsanspruch des NS-Regimes keine Ausnahmen zuließ. Andere Logen waren dieser Entwicklung bereits 1933 durch Selbstauflösung zuvorgekommen. Am 17. August 1935 wurde die Freimaurerei in Deutschland endgültig verboten.

Nach Ende des Zweiten Weltkriegs kam es – nicht zuletzt dank der Unterstützung ausländischer Freimaurer – in Westdeutschland zu einer Wiederaufnahme der Logentätigkeit, der eine Aufarbeitung der Ereignisse und eine Entnazifizierung der Mitglieder folgte. In der DDR blieb die Freimauerei – wie in allen kommunistischen Staaten mit Ausnahme Kubas – untersagt. Das freimaurerische Denken ist autoritären wie fundamentalistisch-religiös geführten Staatsformen strikt entgegengesetzt; ihre Vorstellung von Demokratie, Humanität, Menschenwürde und freier Persönlichkeitsentwicklung kann in Diktaturen nicht anders denn als Provokation aufgefasst werden. Dies hat durchaus gravierende Folgen für die Logen.

Welche Wirkung zum Beispiel der Nationalsozialismus hatte, zeigt sich bereits daran, dass vor dem Zweiten Weltkrieg etwa 80.000 Männer in Logen organisiert waren, während es 2015 um die 15.300 sind. Rund 485 Logen haben sich unter dem Dach von jetzt fünf »regulären« Großlogen organisiert, die wiederum von den 1958 gegründeten *Vereinigten Großlogen von Deutschland* repräsentiert werden. Zu ihr gehört auch die nach der schwedischen Lehrart arbeitende *Große Landesloge der Freimaurer von Deutschland*, der wiederum die Kieler Loge *Alma an der Ostsee* angeschlossen ist.

CARL LEONHARD REINHOLD

Eng mit dem Werk von Immanuel Kant ist der Philosoph und Schriftsteller Carl Leonhard Reinhold verbunden, der am 26. Oktober 1757 in Wien geboren wurde. Der Ordensgeistliche floh 1783 über Leipzig nach Weimar, wo er – mit der Unterstützung von Johann Gottfried Herder – zum Protestantismus konvertierte. Für die Literaturzeitschrift von Christoph Martin Wieland verfasste er die *Briefe über die Kantische Philosophie* (1790), die wesentlich zur Verbreitung von Kants Lehre beitrugen. Ab 1787 lehrte Reinhold in Jena, wo er stark daran teilhatte, die Stadt zum Zentrum der deutschen Philosophie dieser Jahre zu machen. 1794 übernahm er trotz zahlreicher Proteste seiner Studenten, bei denen er außerordentlich beliebt war, eine dauerhafte Professur in Kiel, wo er sich an der Entwicklung der Christian-Albrechts-Universität maßgeblich beteiligte. Er reaktivierte 1820 die Loge *Louise zur gekrönten Freundschaft* und stand ihr bis zu seinem Tod am 10. April 1823 vor.

DIE ERSTE LOGE IN KIEL: LOUISE ZUR GEKRÖNTEN FREUNDSCHAFT 1776–1791/1820–1824

> *Das Hauptmerkmal in der Freimaurerei ist die innere*
> *Freiheit, eine sittliche Freiheit, in der jeder nur sein*
> *Gewissen und Gott zum Zeugen und Richter nimmt.*
> Johann Gottlieb Fichte (1762–1814)

ie Johannisloge *Alma an der Ostsee* war nicht die erste Loge, die in Kiel gegründet wurde; bereits um 1764 scheinen sich Freimaurer regelmäßig in der Stadt getroffen zu haben. Hierfür gibt es allerdings kaum Belege. Nachweisbar ist hingegen die Loge *Louise zur gekrönten Freundschaft*, deren Stiftung im Jahr 1776 unter der *Strikten Observanz* stattfand. Ihre Existenz geht nicht zuletzt auf den jährlichen Kieler Umschlag zurück, ein seit dem Mittelalter bedeutendes Volksfest, das unter anderem dazu diente, Geldgeschäfte abzuwickeln und Kontakte zu pflegen. Entsprechend kamen neben adeligen Grundbesitzern auch Kaufleute aus Hamburg und Lübeck nach Kiel. Obwohl die Bedeutung des Umschlags im 18. Jahrhundert bereits nachgelassen hatte, besaß das Fest immer noch genug Anziehungskraft auf die umliegenden Städte, und natürlich waren auch Freimau-

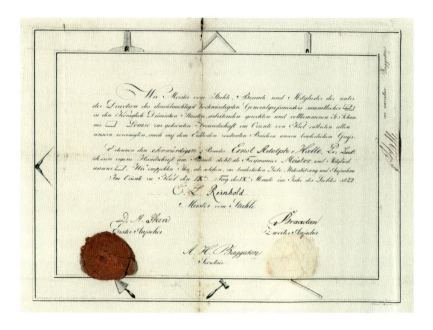

rer unter den Besuchern. Entsprechend stellte sich nach einiger Zeit die Frage, ob in Kiel eine Loge gegründet werden sollte.

Genau dies geschah dann auch, nachdem im Januar 1776 die entsprechenden Möglichkeiten geprüft worden waren. Auf Antrag erteilte der zuständige Provinzial-Großmeister Carl Landgraf zu Hessen-Cassel (1744–1836) die Genehmigung, so dass die Stiftung der St.-Johannis-Loge *Louise zur gekrönten Freundschaft* am 3. Juli 1776 erfolgen konnte. Der Name »Louise« ist eine Verbeugung vor der gleichnamigen Schwester von König Christian VII. von Dänemark und Norwegen (1749–1808), mit der Carl Landgraf zu Hessen-Cassel verheiratet war. Da sich die Logenmitglieder aus Angehörigen des Landadels, der akademischen Berufe und militärischer Kreise zusammensetzten, repräsentierten die Freimaurer auch in Kiel das geistige Zentrum ihrer Zeit. Dies verschaffte der noch jungen Loge einen be-

Logenpatent und Bijou aus der Zeit von Carl Leonhard Reinhold

achtlichen Zulauf – die erhaltenen Unterlagen weisen immerhin 124 Mitglieder sowie neun »dienende Brüder« aus, die der *Louise* angehörten.

Dieser Erfolg machte jedoch auch eine Entscheidung erforderlich. Nachdem die Treffen zunächst in verschiedenen Gasthäusern abgehalten worden waren, sollte aufgrund der Nachfrage ein eigenes Logenhaus erstanden werden. Dies wurde 1785 ermöglicht, wobei die Quellenlage sowohl auf ein Grundstück »vorn in der Brunswyk« als auch auf die Adresse Schloßgarten 5–7 verweist, was sich nicht endgültig klären lässt. Sicher ist nur, dass der Erwerb mit finanziellen Schwierigkeiten verbunden war. Doch auch mit der Wahl der Logenmeister hatte man keine glückliche Hand. Graf von Hahn (Logenmeister von 1776–1781) soll sich mehr auf seinen Besitzungen in Holstein und Mecklenburg aufgehalten und die anstehende Arbeit delegiert haben;[2] für den Arzt W.H. Kerstens (1788–1791) ist als Wohnort lediglich »auf Reisen« vermerkt,[3] was ähnliche Schwierigkeiten nahelegt. Nur der Graf Hans Caspar von Bothmer, der das Amt von 1781 bis zu seinem Tod 1787 versah, lebte erwiesenermaßen in Kiel.[4] Unstrittig ist hingegen, dass die Loge *Louise zur gekrönten Freundschaft* trotz Bedenken von Seiten der zuständigen Provinzialloge am 12. März 1791 geschlossen wurde. Sie hatte keine fünfzehn Jahre existiert. Das Logenhaus wurde verkauft und der Bestand an Akten und Wertgegenständen der Provinzialloge zur Aufbewahrung ausgehändigt. Heute liegen diese Unterlagen im Archiv des dänischen Freimaurerordens in Kopenhagen.

Rund dreißig Jahre später, von 1820 bis 1824, gab es einen Versuch, die Loge *Louise zur gekrönten Freundschaft* wiederzubeleben. Dieser ging auf Carl Leonhard Reinhold (1757–1823) zurück, einen aus Wien stammenden Professor für Philosophie und herausragenden Freimaurer. Bemerkenswert ist insbesondere seine Korrespondenz mit dem Reformer Friedrich Ludwig Schröder (1744–1816), der die Rituale neu gestaltete (»Schrödersche Lehrart«). 1781 trat er der Loge *Zur wahren Eintracht* in Wien und 1809 der *Anna Amalia zu den drei Rosen* in Weimar bei; in Kiel – er hatte 1794 einen entsprechenden Ruf angenommen – reaktivierte er mit Gleichgesinnten unter der *Großen Loge von Hamburg* die *Louise zur gekrönten Freundschaft*. Am 1. Mai 1820 »fand in dem in der Küterstraße gelegenen Hause des akademischen Musikdirektors Bruder Christian Apel die Einweihungsfeier statt«; hier sollten in den kommenden Jahren sämtliche Logenarbeiten abgehalten werden.[5] Reinhold wurde zum Logenmeister gewählt. Doch das Vorhaben scheiterte, weil sein Gesundheitszustand es nicht zuließ, dass er die Loge in jenem Maß mit persönlichem Einsatz unterstützen konnte, wie dies im Rahmen seines Amtes nötig gewesen wäre. Als er 1823 starb und es nicht gelang, einen Nachfolger für ihn zu finden, wurde die Louisenloge am 24. April 1824 endgültig geschlossen. Sie kam – neben fünf Ehrenmitgliedern und zwei dienenden Brüdern – nur auf dreiunddreißig Mitglieder. Bemerkenswert ist dabei allerdings, wie sehr sich die im Umbruch befindliche gesellschaftliche Lage in der Zusammensetzung spiegelt: Gehörten der ersten *Louise* noch Vertreter des Landadels und des Militärs an, waren in der Nachfolgerloge ausschließlich Repräsentanten des bürgerlichen Mittelstands vertreten, darunter Akademiker, Kaufleute und Kapitäne. Die Zeiten wandelten sich rasch.

Nach dem Ende der *Louise zur gekrönten Freundschaft* blieb den in Kiel verbleibenden Freimaurern zunächst nur die Möglichkeit, sich eine neue Heimat zu suchen. In Norddeutschland war das die in der damals noch selbständigen Stadt Altona gelegene Loge *Carl zum Felsen*, die 1796 gegründet wurde und bis heute existiert. Sie stand den Mitgliedern aus Kiel offen, doch für eine kontinuierliche Teilnahme an den Veranstaltungen erwies sich der Reiseweg als zu beschwerlich. Eine Lösung für das Problem musste also anderweitig gesucht werden – es sollte allerdings über vierzig Jahre dauern, bis es dazu kam.

ST. JOHN'S LODGE No. 70

Schon vor der offiziellen Gründung des Deutschen Kaiserreichs am 17. Januar 1871, mit der Kiel Reichskriegshafen wurde, ordnete der preußische König 1865 die Verlegung der Ostsee-Marinestation von Danzig nach Kiel an. Damit begann für die Stadt eine stürmische Entwicklung, die insbesondere durch einen raschen Anstieg der Bevölkerung gekennzeichnet war. Im November 1866 wurde die *Alma an der Ostsee* gegründet. Ihre Mitglieder kamen nicht zuletzt aus den Reihen der preußischen und der kaiserlichen Marine, die besonders in den Logen in Kiel und Wilhelmshaven aktiv waren. Dabei entwickelten sich bemerkenswerte internationale Kontakte. So wurden mindestens fünf Männer in der *St. Johns Lodge No. 70* in Plymouth zum Freimaurer aufgenommen und dort zu Gesellen und Meistern befördert, bevor sie zwischen 1870 bis 1873 zur *Alma* kamen. Zu ihnen gehörte etwa Gustav Riemer, Zahlmeister der königlichen preußischen Marine, der am 16. Oktober 1867 in Plymouth auf- und 1873 in Kiel angenommen wurde. Die Verbindung nach England ist leicht nachvollziehbar. Die Schiffe der preußischen bzw. kaiserlichen Marine liefen auf ihren Reisen stets britische Häfen an. Vorwiegend wurde – und zwar zwischen 1865 bis 1888 nicht weniger als 250-mal – Plymouth besucht, um Vorräte zu ergänzen und jene Reparaturen auszuführen, zu denen deutsche Werften noch nicht in der Lage waren. Britische und deutsche Offiziere pflegten einen kameradschaftlichen Umgang. Daher kann man die Engländer als die Lehrmeister der noch jungen preußischen bzw. kaiserlichen Marine bezeichnen – ein Verhältnis, das bis in die frühen Jahre der *Alma* hineingespielt haben mag. Zugleich zeigt sich bereits zu diesem frühen Zeitpunkt, wie international Kontakte zwischen Freimaurern sind.

Gustav Riemer und englische Freimaurer der Royal Navy

EMERGENCY.

ST. JOHN'S LODGE,
No. 70.

HUYSHE MASONIC TEMPLE,
PRINCESS PLACE, PLYMOUTH.

The W. Br. J. B. W. WILLIAMS, Master.

28th JANUARY, 1868.

SIR AND BROTHER,

THIS Lodge will assemble on TUESDAY, the 4th day of FEBRUARY next, at the hour of SEVEN in the Evening precisely, for the purpose of Initiating, (on approved Ballot,)

Mr FRANZ FRIEDRIC GUSTAV SELIGER, Aged 29, of Dantzic, Engineer of H.P.M.S. "Augusta."

Proposed by W. Br GOVER, P.M. P.P.G.A.D.C
Seconded by W. Br. HOLMES, P.M. P.P.G.S. Wks..

———o———

CAUSE OF EMERGENCY.
Anticipated immediate departure.

I remain,
Sir and Brother,
Yours faithfully,

Jno. rowe brewer, p.m. sec.

Einladung zur Aufnahme des Marine Ingenieur Offiziers Gustav Seliger der königlichen preußischen Marine in die *St. John's Lodge No. 70*, Plymouth, England 1868

ALMA AN DER OSTSEE: DER ANFANG 1866–1869

Es gibt drei wesentliche Kategorien der Freimaurerei:
Freiheit, Gleichheit und Verbrüderung als die wahren
Grundpfeiler unserer Gesellschaft, die eben dadurch die
edleste und ehrwürdigste ist, die sich denken läßt ...
Christoph Martin Wieland (1733–1813)

er Neuanfang des Logenwesens in Kiel ist vor allem mit einem Namen verbunden: Johann Friedrich Theodor Hussmann (1797–1881). Der in Neumünster ansässige Rektor gehörte seit 1853 der Loge *Carl zum Felsen* an und war dort mit dem Amt des Redners betraut worden, was trotz der beschwerlichen Reiseumstände auf regelmäßige Aufenthalte in Altona schließen lässt. Hussmann hinderte dies jedoch nicht, sich für die Gründung einer Loge in seiner Nähe einzusetzen. Offenbar war zunächst daran gedacht, die *Louise zur gekrönten Freundschaft* wiederzubeleben. Allerdings scheiterte dieses Vorhaben am Misstrauen der zuständigen Großloge in Kopenhagen, die die Einbeziehung eines Polizeimeisters bei allen zukünftigen Sitzungen verlangte, der gegebenenfalls nach Dänemark berichten sollte. Diese Auflage führte dazu, dass eine Neuaufnahme der *Louise* fallengelassen wurde. Stattdessen organisierte Hussmann zwanglose

C. Bröcker als wortführender Andreasmeister in Freimaurerkleidung, Kiel 1885, und Anteilsschein zum Neubau des Logengebäudes, Kiel 1909

Zusammenkünfte, die vor allem in Neumünster abgehalten wurden und rasch Erfolg hatten. Tatsächlich war die Anzahl der Besucher so groß, dass die Treffen schon bald im Wechsel mit Kiel und alle vierzehn Tage stattfinden konnten. Allerdings war die Verbindung bis jetzt keine reguläre Loge, es lag daher nahe, einen entsprechenden Vorstoß zu wagen.

Tatsächlich wurden 1861 die Möglichkeiten im Hinblick auf eine Logengründung in Kiel und Neumünster geprüft. Hussmann leitete das Vorhaben, dem jedoch die politische Situation enge Grenzen set-

zen sollte. Unter anderem belastete der Deutsch-Dänische Krieg von 1864 das Verhältnis zur Kopenhagener Großloge, die den Versammlungen in Kiel ohnehin verhalten bis ablehnend gegenübergestanden hatte. Erst im Februar 1866 setzte eine folgenreiche Entwicklung ein, als sich die Loge *Carl zum Felsen* von ihrer Zugehörigkeit zur dänischen Großloge lossagte und von der *Großen Landesloge der Freimaurer von Deutschland*[6] übernommen wurde. Damit erhielten die Kieler Bestrebungen eine neue und aussichtsreichere Richtung. Bereits im Frühjahr 1866 scheint die Gründung einer Kieler Loge unter den beteiligten Freimaurern beschlossen worden zu sein, die dann auf einer Versammlung am 25. August 1866 in die Tat umgesetzt wurde; das entsprechende Gesuch richtete sich an die *Große Landesloge der Freimaurer von Deutschland* in Berlin. Schon am 19. September 1866 billigte Kronprinz Friedrich Wilhelm von Preußen (1831–1888, der

Logenhaus in der Ringstraße 57
Außenansicht und Tempel

spätere »99-Tage-Kaiser« Friedrich III.) in seiner Rolle als Stellvertretender Protektor die Gründung, die am 24. November 1866 feierlich begangen wurde: Von den vierunddreißig Freimaurern, die zur Eröffnung erschienen waren, gehörten bereits zwanzig der neuen Loge an. Das Amt des Logenmeisters fiel – nicht unerwartet – an Johann Hussmann, der dann auch den Namen *Alma an der Ostsee* vorschlug. In einem späteren Brief schrieb er, »Alma« bedeute »Frucht und Segen bringend«, und erläuterte:

> *Indem ich nun neben mehreren anderen Benennungen den Brüdern auch den Namen »Alma« in Vorschlag brachte, wählten sie diesen mit dem Zusatz »an der Ostsee«. Also ist die Loge »Alma« dem Wortsinne nach die künftige Pflegerin oder Pflanzschule der Maurerei und insofern von dort aus die wahre Lehre sich ausbreiten möge, habe ich diese Pflanzschule, der ich recht viele und würdige Zöglinge wünsche, mit dem Siegel symbolisiert.*

Das von Hussmann in Auftrag gegebene Siegel – das nicht nur die Grundlagen der *Alma*, sondern die Prinzipien der Freimaurerei insgesamt darstellt – wurde kurz nach der Gründung angefertigt und ist bis heute in Gebrauch. Weiterhin gültig ist auch das vermutlich ebenfalls von Hussmann ausgesuchte Zitat, das im Siegel Verwendung findet und aus dem Johannisevangelium, Kapitel 8, Vers 32 stammt: »Dann werdet ihr die Wahrheit erkennen und die Wahrheit wird euch frei machen.«[7]

Johann Hussmann stand der *Alma* bis 1869 vor. In dieser Gründerzeit, in der die Mitgliederanzahl auf dreiundsechzig anwuchs, fanden alle Logenarbeiten in einem angemieteten Lokal statt, das sich im Haus des Brauereibesitzers und Kirchenjuraten Hans Arp[8] befunden haben soll; die Anschrift von *Arp's Bierstube* lautete Walkerdamm 11.[9] Allerdings waren die Räumlichkeiten für größere Anlässe zu klein, so dass immer wieder auf andere Lokale ausgewichen werden musste. Entsprechend wuchs die Absicht, ein eigenes Logenhaus zu erwerben, um der *Alma* auch räumlich eine Heimat zu geben. Auch hier konnte Arp aushelfen, indem er der Loge mit der Ringstraße 57 ein passendes Baugrundstück anbot.

Tatsächlich wurde das Vorhaben sofort in Angriff genommen, obwohl sich die Kosten für das Gelände und das zu errichtende Haus auf 66.000 Thaler beliefen, eine beträchtliche Summe. Die Finanzierung konnte jedoch nicht zuletzt von den Kieler Freimaurern selbst übernommen werden, indem sie »Bauaktien« erwarben, die sogar mit einer Verzinsung verbunden waren; ob es jedoch jemals zu Ausschüttungen gekommen ist, lässt sich heute nicht mehr feststellen. Außerdem wurde eine Hypothek aufgenommen. Die Arbeit ging gut voran, und das Logenhaus konnte am 21. November 1869 – also zum dritten Stiftungsfest – eingeweiht werden. Dies war auch der Tag, an dem Johann Hussmann von seinem Amt als Logenmeister zurücktrat, das er aus gesundheitlichen wie räumlichen Gründen – er wohnte außerhalb der Stadt – nicht mehr durchführen konnte. Später lebte er in Plön und Leipzig, wo er 1881 im Alter von 84 Jahren starb. Damit hatte die *Alma* ihren wohl wichtigsten Gründer verloren, dem es aber gelungen war, die Freimaurerei dauerhaft in Kiel zu etablieren.

GUSTAV KARSTEN

Der Physiker und Mineraloge Gustav Karsten wurde am 24. November 1820 in Berlin geboren. Nach erfolgreichem Studium der Naturwissenschaften erhielt er 1847 einen Ruf an die Christian-Albrechts-Universität zu Kiel, an der er bis zu seiner Emeritierung 1894 bleiben sollte. Von rastloser Energie und großem organisatorischen Talent, entfaltete er nicht nur eine lebhafte Vorlesungstätigkeit, sondern wirkte auch außerhalb des akademischen Rahmens; so war er an der Planung des späteren Nord-Ostsee-Kanals beteiligt und engagierte sich als Politiker. Er promovierte u.a. den Physiker und Ethnologen Franz Boas (1858–1942) und berief Max Planck (1858–1947) an die Christian-Albrechts-Universität zu Kiel, der er mehrfach als Rektor vorstand. Gustav Karsten wurde 1869 in die *Alma* aufgenommen und war dort Logenmeister von 1874 bis 1892; in der Andreasloge *Fortunata* hatte er dieses Amt von 1878 bis 1898 inne. Er starb am 15. März 1900 in Kiel.

AUGUST SARTORI UND SEINE ZEIT 1869–1903

Es gibt eine weitverbreitete Brüderschaft, die Freimaurer;
sie erkennen sich an einem geheimen Zeichen und sind gern
bereit, Fremde, die zu ihrem Bund gehören, zuvorkommend
und freundlich aufzunehmen und kräftig zu unterstützen.
Wilhelm Busch (1832–1908)

ie Jahre nach 1869 waren von einer weiteren Konsolidierung freimaurerischer Arbeit in Kiel geprägt. Nach Johann Hussmann wurde der Postdirektor Friedrich Ludwig Otto Zschüschner (1827–1893) zum Logenmeister gewählt. Ihm gelang es, wohl nicht zuletzt aufgrund seiner charismatischen Persönlichkeit, weitere Suchende für die *Alma an der Ostsee* zu gewinnen, denn die Mitgliederzahl stieg bis 1874 auf 197 Brüder an. In diesem Jahr wurde Otto Zschüschner als kaiserlicher Ober-Postdirektor nach Straßburg versetzt, so dass er sein Amt niederlegen musste. Kurzfristig übernahm der Gasinspektor und Ingenieur Joachim Heinrich August Speck (1822–1909), der beim Bau des Logenhauses in ökonomischer Hinsicht eine glückliche Hand bewiesen hatte, diese Aufgabe, bis ihm 1874 Gustav Karsten (1820–1900) nachfolgte.[10] Der Professor für Physik und Mineralogie entstammte einer wissenschaftlich geprägten Familie und wird als

AUGUST SARTORI

Der am 16. Juni 1837 in Lübeck geborene Freimaurer August Anton Heinrich Sartori war Kaufmann, Reeder und Kommunalpolitiker. Er zog 1855 nach Kiel, wo er sich bereits 1858 selbstständig machte und mit Johann Albert Berger die Schiffsmaklerei und Spedition »Sartori & Berger« gründete, die als Agentur bis heute Bestand hat. Nach dem Ausscheiden Bergers führte er die Firma ab 1862 allein. Besaß er in diesem Jahr nur einen Segler, konnte 1883 bereits das fünfzigste Schiff in Dienst gestellt werden; bis zu seinem Tod brachte er es auf neunundsiebzig Neubauten. Neben seinen kaufmännischen Tätigkeiten engagierte er sich stark für die Förderung des Gemeinwohls, zum Beispiel durch die Einrichtung wohltätiger Stiftungen. Dies betrifft auch seine Arbeit in der *Alma*, der er seit 1868 angehörte und der er von 1892 bis zu seinem Tod am 15. Oktober 1903 vorstand. Im Stadtbild erinnern das erst nach seinem Tod errichtete Kontorhaus am Wall und der Sartorikai an ihn.

überaus tatkräftig beschrieben; er lehrte nicht nur über Jahrzehnte an der Universität Kiel, sondern wirkte auch in anderen Positionen als Impulsgeber. So richtete er in Schleswig-Holstein ein Netz aus zwanzig meteorologischen Beobachtungsstationen ein, publizierte zusammenfassende Darstellungen aktueller wissenschaftlicher Erkenntnisse und wies auf die Problematik unterschiedlicher Maß- und Gewichtssysteme in Europa hin. Nach seinen Plänen wurde in Kiel ein Eichamt für die Elbherzogtümer errichtet, das er leitete und dessen Prinzipien später landesweit übernommen wurden. Der *Alma* stand Karsten achtzehn Jahre vor; außerdem war er von 1878 bis 1898 Wortführender Meister der ebenfalls in Kiel beheimateten Andreasloge *Fortunata*. Auch in dieser Zeit zeigte sich die Attraktivität des freimaurerischen Gedankens ungebrochen, so dass es erforderlich wurde, zwei weitere Johannislogen in unmittelbarer Nähe zur *Alma* zu gründen: 1879 in Neumünster *Zur Brudertreue an der Schwale* und 1880 in Eckernförde *Leuchte am Strande*, die beide bis heute existieren. Karsten verstand es, durch Betonung des Gemeinschaftsgedankens einen engen Zusammenhalt zwischen den drei Logen in Schleswig-Holstein herzustellen; außerdem regte er Grundlagenforschung an und trug Materialien über die *Louise zur gekrönten Freundschaft* zusammen, was zu einer Publikation über diese erste Kieler Loge führte und eine maßgebliche Quelle darstellt.[11] Auch fällt in seine Zeit das 25-jährige Jubiläum der *Alma*, für das er ebenfalls eine Schrift erstellte.[12] Als er 1892 das Amt des Logenmeisters abgab, folgte ihm mit August Sartori (1837–1903)[13] eine weitere eindrucksvolle Kieler Persönlichkeit nach. Der mit der Reederei »Sartori & Berger« erfolgreiche Geschäftsmann, an dessen Erfolg bis heute das am Wall gelegene Kontorgebäude erinnert, war ein überaus dynamischer Mann. Sein Engagement galt nicht nur der Schifffahrt, sondern auch dem Eisenbahnwesen und der Kommunalpolitik; er gehörte zu den Gründern der Kieler Handelskammer (1873), deren Erster Vorsitzender er

GUSTAV FERDINAND THAULOW

Das ehemalige Thaulow-Museum ist nach dem Freimaurer Gustav Ferdinand Thaulow benannt. Geboren am 6. Juli 1817 in Schleswig, wurde er 1854 der erste Professor für Philosophie und Pädagogik an der Christian-Albrechts-Universität zu Kiel. Thaulow sammelte Holzschnitzarbeiten aus Schleswig-Holstein, die er in beträchtlicher Zahl zusammentrug. Als die Bestände zu umfangreich wurden, schenkte er sie 1876 an das Land Schleswig-Holstein, woraufhin das nach ihm benannte Thaulow-Museum am Sophienblatt gebaut und 1878 eingeweiht wurde. Allerdings konnte die Sammlung erst nach 1893 –Thaulow war am 11. März 1883 in Kiel gestorben – professionell inventarisiert, umorganisiert und schließlich 1911 mit einem Erweiterungsbau ausgestattet werden. Durch Auslagerung überstanden die Bestände die Zerstörung des Gebäudes im Jahr 1944 und wurden schließlich in das neue Schleswig-Holsteinische Landesmuseum auf Schloss Gottorf integriert.

ab 1880 war. Als Freimaurer förderte er das gesamte Logenleben in Schleswig-Holstein, verbesserte die Beziehungen der Logen untereinander und stellte der *Alma* eine umfangreiche Bibliothek zur Verfügung. Auch setzte er sich für wohltätige Zwecke ein und gründete beispielsweise 1893[14] die *Sartori-Stiftung*, die sich als »Witwen- und Waisenkasse« der *Alma* verstand und von Beratungsaufgaben bis hin zur Gewährung von Stipendien umfassende Hilfe bereitstellte. Als nützlich soll sich dabei die Regelung erwiesen haben, von Freimaurern, die zu Versammlungen nicht erschienen, einen kleinen Betrag einzuziehen: »Durch diesen ›Liebesgroschen‹ hat sich nun in der That die Lage der Armenkasse so verbessert, dass nicht unerhebliche Unterstützungen gewährt werden können.«[15] Heute übernimmt der als gemeinnützig anerkannte *Bruderhand Hilfs-Fonds e.V.* diese Aufgabe, wobei pro Jahr die Summe von bis zu 20.000 € ausgeschüttet werden kann. Allerdings werden die Hilfen und Unterstützungen nunmehr ausschließlich Menschen gewährt, die nicht Mitglied der *Alma an der Ostsee* sind.

In die Zeit von August Sartori fällt auch die Gründung des nach dem Freimaurer Gustav Ferdinand Thaulow (1817–1883) benannten Thaulow-Museums. Dieser war ab 1870 Mitglied der *Alma*, wo er sich besonders als Redner hervortat und wegen seiner sachlichen und klaren Art sehr geschätzt wurde. Seine umfangreiche Sammlung an Holzschnitzarbeiten – darunter kirchliche Plastik, Schränke und Truhen – wurde von der Stadt Kiel ab 1878 in einem eigenen Museum bewahrt. Trotz einer Ausstellungsfläche von 700 m² reichte der Platz von Anfang an kaum aus, um allen Stücken gerecht zu werden. Nach dem Zweiten Weltkrieg gingen die Bestände an das Schleswig-Holsteinische Landesmuseum auf Schloss Gottorf.[16]

Logenhaus in der Ringstraße: Beamtencollegium 1899/1900

Mitgliederverzeichnis, Kiel 1920, und Festschrift zum 25jährigen Stiftungsfest, Kiel 1891

JOHANN DETLEF THEEDE

Der Architekt und Freimaurer Johann Detlef Theede, der das 1908 eingeweihte Logenhaus am Lorentzendamm 23 entworfen hat, wurde am 1. April 1876 in Ellerbek geboren und gehört zu den wichtigsten Vertretern der schleswig-holsteinischen Heimatschutzarchitektur, die sich an traditionellen und regionaltypischen Bauformen orientierte. Er arbeitete seit 1902 als Architekt und prägte das Kieler Stadtbild mit Bauten, die bis zum Ersten Weltkrieg am Vorbild barocker schleswig-holsteinischer Herren- und Bauernhausarchitektur orientiert waren (Stadtkloster, 1908), danach bevorzugte er klare Linien und Klinkerexpressionismus (Margarinefabrik J.W. Seibel, 1928). Theede war landesweit vor allem als Bankenarchitekt bekannt (Sparkasse Wellingdorf, 1927), hat aber auch die in der Reichspogromnacht in Brand gesteckte Synagoge in der Goethestraße (1910) entworfen. Er starb am 28. Januar 1934 in Kiel.

DAS HAUS AM LORENTZENDAMM
1903–1927

> *Ihrem Wesen nach ist die Freimaurerei ebenso alt wie die bürgerliche Gesellschaft. Beide konnten nicht anders als miteinander entstehen. Wenn nicht gar die bürgerliche Gesellschaft nur ein Sprössling der Freimaurerei ist.*
> Gotthold Ephraim Lessing (1729–81)

Nach dem Tod von August Sartori im Jahr 1903 wurde Andreas Mau (1842–1916) zum Logenmeister gewählt. Er war 1889 in die Alma eingetreten und hatte von 1898–1903 die Kieler Andreasloge *Fortunata* als Wortführender Meister geleitet. Nicht zuletzt dank seines Amtes als Hauptpastor an der Heiliggeistkirche in Kiel galt Mau als guter Redner. Darüber hinaus war er jedoch auch mit einem Blick für irdische Dinge begabt, was dazu führte, dass er in der Zeit vor seinem altersbedingten Amtsrücktritt im Jahr 1906 die Grundlagen für ein entscheidendes Projekt legte: nämlich den Neubau eines Logenhauses am Lorentzendamm 23.

Der Anlass für das Vorhaben lag in der weiterhin ansteigenden Mitgliederanzahl. Für 205 aktive Freimaurer, die im Jahr 1905 ge-

zählt wurden, war das Haus in der Ringstraße nicht ausgelegt; ein Umbau wäre aber schlicht zu teuer gewesen. Daher kam es nach eingehenden Beratungen im Jahr 1906 zu dem Entschluss, einen Neubau zu errichten. Das entsprechende Grundstück am Kleinen Kiel hatte zuvor dem mit einer Nichte von Theodor Storm verheirateten Kieler Gynäkologen Professor Dr. Ludwig Glaevecke (1855–1905) gehört, der überraschend verstorben war. Seine Villa wurde im Folgejahr abgerissen und der Grundstein für den Neubau am 10. März 1907 gelegt; die Einweihung fand bereits am 12. April 1908 statt. Die hohen Baukosten von etwa einer halben Million Goldmark wurden nicht zuletzt über Mitgliederbeteiligungen gedeckt, außerdem konnte die Innenausstattung zum Teil von entsprechend qualifizierten

Das neue Logenhaus am Lorentzendamm: Außenansicht und Andreastempel

Brüdern ausgeführt werden. Das Resultat geriet bei aller Zweckmäßigkeit sehr eindrucksvoll und empfahl sich nicht zuletzt dank eines prächtigen Festsaals von 10 × 20 Metern für weiterführende Aufgaben. Für die war das freistehende Haus mit seinen repräsentativen Gartenanlagen auch ausdrücklich entworfen worden. Zum einen bot es nicht nur für die *Alma*, sondern auch für die Andreasloge *Fortunata* und das Ordenskapitel *Desiderata* Platz, zum anderen stand es für weitere gesellschaftliche Anlässe zur Verfügung – im Keller war sogar eine Kegelbahn eingerichtet.

Mit dem Neubau sind zwei Mitgliedernamen besonders eng verbunden. Der eine ist Paul Johann Ernst Toeche (1841–1916). In seiner Eigenschaft als Inhaber einer Universitätsbuchhandlung in

Berlin hatte er sich bereits durch die Herausgabe freimaurerischer Schriften hervorgetan, als er 1906 das Amt des Logenmeisters übernahm. Seine Arbeitsschwerpunkte lagen in der Gründung mehrerer wohltätiger Stiftungen und der Einrichtung besonderer Unterrichtsabende für jüngere Freimaurer. Bei der Errichtung des neuen Logenhauses leistete ihm sein Geschäftssinn unschätzbare Dienste – ohne ihn hätte das schwierige Unterfangen wohl kaum so schnell und vergleichsweise reibungslos ablaufen können. Dies ist ebenfalls ein wesentliches Verdienst von Johann Detlef Theede (1876–1934), dem bedeutenden Kieler Architekten. Als Logenmitglied hatte er die Leitung des Projekts übernommen und das Haus am Lorentzendamm gemäß seinen ästhetischen Prinzipien – Theede war ein Repräsentant der »Heimatschutzarchitektur« – entworfen. Hierbei handelt es sich um eine Richtung der architektonischen Moderne, die 1904 erstmals beschrieben wurde und um 1945 zu Ende ging. Ziel dieses Stils war die Weiterentwicklung des Historismus mit traditionellen regionaltypischen Bauformen, wie beispielsweise Backstein in Norddeutschland. Dabei wurde auf jene verzierenden Attribute verzichtet, die ältere Baustile detailgetreu nachahmen. Dem entsprach auch das Logenhaus. Das eindrucksvolle Ergebnis galt nicht nur als eines der schönsten Gebäude, das der Freimaurerei gewidmet war, sondern wurde auch außerhalb der Logenkreise angenommen. So konnten Räumlichkeiten, die nicht der Ritualarbeit dienten, während des Ersten Weltkriegs an das Marine-Ingenieurkorps vermietet werden, das dort noch bis 1925 Versammlungen abgehalten hat. Ohnehin waren die Räume des Logenhauses in dieser schwierigen Zeit für »kriegsnotwendige Aufgaben« freigegeben.

In die Jahre zwischen 1914 und 1918 fallen zwei herausragende Ereignisse. Znächst wurde Paul Toeche 1915 von dem Kaufmann Theodor Heinrich Friedrich Mumm (1882–1928) abgelöst, der zuvor mehrere wichtige Ämter für die *Alma* bekleidet hatte. Durch seine berufliche Erfahrung zeigte er sich den wirtschaftlichen Schwierigkeiten, die die Kriegsjahre mit sich brachten, mehr als gewachsen; es gelang ihm daher, die *Alma* sicher durch diese wechselhafte Zeit zu bringen. Auch widmete er sich intensiv dem zweiten wichtigen Ereignis dieser Jahre, nämlich dem fünfzigsten Stiftungsfest am 19. November 1916, zu dem eine kleine Publikation unter seiner Beteiligung erscheinen konnte. Die Frage, ob eine Feier »trotz der ernsten Zeit« angemessen sei, wurde in der Festrede von Br. Lechner bejaht; gerade weil »Gemüt und Sinnen durch die gewaltigen Einbrüche der großen Ereignisse aufs Stärkste bewegt werden«, sei es wichtig, der *Alma* »frische Impulse einzuhauchen«.[17] Dass dieses Vorgehen richtig gewesen sein mag, zeigt die weitere Entwicklung der Mitgliederanzahl, die von 265 (1915) bis auf 353 (1927) anstieg. Die *Alma an der Ostsee* hatte ihren festen Platz in Kiel mit dem Logenhaus am Lorentzendamm als attraktivem und vielbesuchtem Zentrum. Leider bereitete die nachfolgende katastrophale politische Entwicklung dieser Lage ein Ende.

FREIMAUREREI UND NATIONALSOZIALISMUS

Dass die Freimaurerei unter dem Nationalsozialismus erheblich gelitten hat, ist eine unbestrittene Tatsache, zumal die »königliche Kunst« 1935 verboten wurde. Die damals geschürten Ressentiments wirken zum Teil bis heute nach. Das Bild der Verfolgung und der mit ihr verbundenen Opferrolle ist jedoch unvollständig, da spätestens ab 1918 eine erhebliche Akzeptanz von antisemitischen und nationalistischen Gedanken innerhalb der Logen nachweisbar ist. Studien kommen zum Ergebnis, »dass die politische Orientierung großer Teile der deutschen Freimaurerei in den 1920er und 1930er Jahren ein Prozess hin zu zunehmender konzeptioneller Übereinstimmung mit völkischen Einstellungen und schließlich dem Nationalsozialismus gewesen ist, der über eine bloße Anpassung hinausging.«[I] Nur so ist das von den drei altpreußischen Logen ausgehende Vorhaben, durch Umbenennung in den *Deutsch-christlichen Orden* eine Angleichung an die Ziele des NS-Regimes zu erzielen, richtig zu verstehen. Es ging weit weniger um Tarnung als um den ernsthaften Versuch, darzulegen, wie sehr das eigene Weltbild mit dem der Machthaber übereinstimmte – ohne Erfolg. Nach 1945 setzte dann jener Vergessens- und Relativierungsprozess ein, der den Diskurs über die zur »Dunklen Zeit« erkürte Periode innerhalb der Freimaurerei weitgehend bestimmt. Erst in den letzten Jahren ist die Bereitschaft zu erkennen, dieses Kapitel neu zu bewerten, wobei die Diskussion erst begonnen hat und eine abschließende Beurteilung noch aussteht: »Sich an geschichtliche Wahrheiten zu erinnern, kann unbequem sein. Es erfordert Mut und die Bereitschaft, auf bequeme ›Neuerfindungen der Vergangenheit‹ zu verzichten.«[II]

LOGE IM NIEDERGANG
1927–1935

> *Wir wollen alle Vorurteile, allen Hass, Hader und Habgier,*
> *alle kriegerischen Instinkte, alle törichten Rassen- und National-*
> *dünkel aus unseren Herzen und Hirnen reißen, denn sie sind*
> *Reste vergangener Kulturstufen und für die Gegenwart und*
> *Zukunft schädlich. Wir wollen die Gemeinschaft der Menschen*
> *freudig als die Grundlage unserer Sittlichkeit anerkennen, denn*
> *wir sind alle Menschen, gleicher Art und gleichen Wesens.*
> Carl von Ossietzky (1889–1938)

Als 1927 Wilhelm Edding zum Logenmeister gewählt wurde, konnte er noch nicht ahnen, dass seine Amtsübernahme mit dem Beginn der schwersten Krise der *Alma an der Ostsee* zusammenfallen sollte. Grund hierfür war das zunehmende Erstarken des Nationalsozialismus nach 1929, der das Freimaurertum nicht nur ablehnte, sondern Mitglieder denunzierte und verfolgte. Das galt auch für Kiel. Edding (1867–1948) war Hauptpastor an der St.-Jürgen-Kirche am Sophienblatt und soll sich durch eine schlicht-vornehme Haltung ausgezeichnet haben; entsprechend versuchte er, den Verleumdungen der Nationalsozialisten durch Aufklärung und Transparenz zu begegnen. Dies ging so weit, dass er Parteiveranstaltungen besuchte, um das Freimaurertum zu erklären und dessen Ziele zu erläutern. Doch das Vorhaben erwies sich als aussichtslos – natürlich auch, weil gar kein Interesse daran bestand, ein wahrheitsgetreues Bild von der *Alma* zuzulassen. Entsprechend wurden die Freimaurer auch weiterhin als »Vaterlandsverräter« bezeichnet oder anderer Verbrechen beschuldigt. Das politische Klima veränderte sich nachhaltig. Aus dem Vorzug, zu den Freimaurern zu gehören, entwickelte sich ein gesellschaftlicher Nachteil, dem auch in der *Alma* nicht alle Mitglieder standhalten konnten. Entsprechend kam es nach 1930 vermehrt zu Austritten. Dass hierbei neben persönlichen auch ökonomische Erwägungen eine Rolle gespielt haben dürften, lässt sich an Einzelfällen sehr gut belegen. Bei den landesweiten Wahlen im September 1930 hatte sich die NSDAP um 15,7% verbessert, was mit einem Sprung von 12 auf 107 Plätze im Reichstag verbunden war. Diese beunruhigende Entwicklung sollte sich bei der Reichstagswahl im Juli 1932 fortsetzen, die der NSDAP noch einmal weitere 19% Zuwachs bescherte. Für viele Freimaurer war es eine Frage des Überlebens, wie sie sich und ihre Familien gegenüber einem menschenverachtenden Regime positionierten.

Dass dies zu Austritten führte, war für die Loge problematisch. Als viel schwerwiegender erwies sich jedoch die unrühmliche Kooperation, die manche Mitglieder mit den Vertretern des Nationalsozialismus anstrebten. Dabei ging es nicht nur um den Verrat freimaurerischer Ideale, sondern um die Preisgabe von Namen und Mitgliederverzeichnissen. Plötzlich wurde publik, wer der *Alma* angehörte, und konnte persönlich angegriffen und diskreditiert werden. Dies betraf natürlich insbesondere solche Freimaurer, die im öffentlichen Leben standen, weil sie beispielsweise ein Geschäft führten. Neben den gesellschaftlichen Folgen stand hier auch stets der finanzielle Ruin als Möglichkeit im Raum.

Nach der Ernennung Adolf Hitlers zum Reichskanzler am 30. Januar 1933 verschlechterte sich die Lage der Freimaurerei weiter. Ein Befehl der Marineleitung zwang Offiziere, die *Alma* zu verlassen; gleiches galt auf Anweisung der Regierung für Beamte sowie für alle, deren wirtschaftliche Existenz mit dem Staat verbunden war. Es drohten Repressalien und Terrormaßnahmen. Wer in der Loge verblieb, wurde beruflich zurückgesetzt und beispielsweise von Beförderungen ausgenommen. Die Mitgliederzahl sank von knapp 400 auf unter 100 Brüder, was erhebliche finanzielle Probleme mit sich brachte; schließlich galt es, das Logenhaus zu unterhalten. Trotzdem gelang es der *Alma*, ihre Arbeit fortzusetzen, auch wenn die Bedrohung durch die Gestapo allgegenwärtig war. Die Freimaurer wurden ebenso überwacht wie alle Briefwechsel und Telefonate.

Dass es nicht in dieser staatlicherseits bewusst aufgeheizten Atmosphäre zu gewaltsamen Ausschreitungen kam, ist offenbar ausgerechnet einem Nationalsozialisten zu verdanken. Von 1933 bis 1945 war der Kaufmann und NSDAP-Kreisleiter Walter Behrens (1889–1977) Oberbürgermeister von Kiel. Die Amtsübernahme erfolgte unrechtmäßig, da die Nationalsozialisten in der Nacht vor den Kommunalwahlen am 12. März 1933 das Rathaus besetzten und Oberbürgermeister Dr. Emil Lueken (1879–1961) für abgesetzt erklärten. Aus den Wahlen ging die NSDAP dann als stärkste Kraft hervor. Obwohl Behrens zweifelsohne mit den Zielen seiner Partei konform ging, scheint er im Hinblick auf die *Alma* das Schlimmste verhindert zu haben. Hierbei spielten womöglich persönliche Bekanntschaften aus seinen früheren geschäftlichen Unternehmungen eine Rolle. Wie gefährlich das Leben auch in Kiel werden konnte, zeigt hingegen die Ermordung des jüdischen Rechtsanwalts und SPD-Politikers Wilhelm Spiegel, der in jener Nacht auf den 12. März 1933 erschossen wurde.

Entsprechend groß war der Druck, der auf den Freimaurern lastete. Neben der Überwachung des Logenhauses kam es vermehrt zu

DEUTSCH-CHRISTLICHER ORDEN

Meisterabzeichen von 1933–1935

Der *Deutsch-christliche Orden* war ein Versuch der drei altpreußischen Großlogen, den Weiterbestand der vom Nationalsozialismus bedrohten Freimaurerei dadurch zu sichern, indem eine Angleichung an die Ideologie des »Dritten Reichs« vollzogen wurde. Bezeichnenderweise galt diese opportunistische Maßnahme nicht als Kurswechsel, sondern als Überzeugungsversuch; es ging um die Darlegung, dass die Ziele der Freimaurerei keineswegs in Opposition zu denen des Nationalsozialismus stünden, sondern mit diesen vereinbar wären. Trotz der erkennbaren Unterwerfungsgeste, zu der auch die Tilgung von allen Bezügen der freimaurerischen Rituale zum Judentum und Alten Testament gehörten, wurden die umbenannten Großlogen nach und nach zur Aufgabe gezwungen. Das endgültige Verbot der Freimaurerei erfolgte am 17. August 1935.

Durchsuchungen von Privaträumen, wobei Literatur und freimaurerische Embleme beschlagnahmt wurden. Enteignungen konnten jederzeit stattfinden. Es zeichnete sich daher ab, dass die Loge unter diesen Umständen nicht mehr lange fortbestehen würde. Dieser Einschätzung entsprach der »Göring-Erlaß«, eine Anordnung, die im Januar 1934 an die drei altpreußischen Großlogen erging. In dem Papier wird festgelegt, dass Logen »als staatsgefährliche Vereinigungen anzusehen sind«, deren Erhalt unnötig geworden sei, zumal diesem die »durch die nationale Bewegung geschaffenen Einheit des deutschen Volkes« entgegenstünde. Daher wurde »in Abänderung der vorhandenen Logensatzungen« das Verfahren zur Selbstauflösung deutlich vereinfacht.[18]

Diese Anordnung war nichts weniger als ein Schlag ins Gesicht für all diejenigen, die gehofft hatten, sich mittels Entgegenkommen mit dem Nationalsozialismus arrangieren zu können. Tatsächlich existiert eine »Anordnung« vom 21. Februar 1934, die »einer Weisung des Führers gemäß« untersagt, dass »Parteidienststellen Maßnahmen gegen die bestehenden Logen ergreifen«. Auf diese wird in einem Papier vom 3. April 1934 des Reichsministers des Inneren – also Hermann Göring – ausdrücklich hingewiesen und verfügt, dass »gegen die sogenannten altpreußischen Logen« zunächst »keine weiteren Schritte unternommen werden sollen«.[19] Dieser Situation lagen massive Zugeständnisse von freimaurerischer Seite zugrunde.

Nachdem am 7. April 1933 bei einem Treffen zwischen Kurt von Heeringen – dem Großmeister der *Große Landesloge der Freimaurer von Deutschland* – mit Hermann Göring – Reichsminister des Innern – die Umbenennung ebendieser Landesloge in *Deutsch-christlicher Orden der Tempelherren* vereinbart worden war, folgten zwei weitere Großlogen diesem Beispiel, obwohl überdeutlich gewesen ist, dass dieses Manöver eine Abkehr von freimaurerischen Idealen bedeutete. Tatsächlich heißt es im Beschluss vom 23. April 1933 der nunmehr als *Deutsch-christlicher Orden Zur Freundschaft* firmierenden *Großen Loge von Preußen genannt »Zur Freundschaft«*, sie habe aufgehört, als Freimaurerloge zu bestehen: »Alle freimaurerischen Beziehungen sind damit von ihr gelöst. Jedes freimaurerische Brauchtum ist somit unmöglich geworden.« Dies betraf auch die traditionelle Verschwiegenheitspflicht gegenüber Außenstehenden, was einen steten Informationsfluss an staatliche Organe bedeutet haben dürfte. Auch fand der diskriminierende Arierparagraph Berücksichtigung, wenn es heißt, »Mitglieder können nur deutsche Männer arischer Abstammung sein«, wobei in denkwürdiger Gleichsetzung präzisiert wird: »Juden und Marxisten sind ausgeschlossen.« Ziel des Ordens sei es nunmehr, »die seelische Verwurzelung des deutschen Mannes in seinem Volke« anzustreben, wozu neben der Heranbildung von selbstverantwortlichen Persönlichkeiten auch »die Pflege eines lebendigen Tatchristentums und die Mitarbeit an der Wohlfahrt für die deutsche Volksgemeinschaft« gehörten.[20] Ganz offensichtlich versuchte man, durch Angleichung an die Position der Machthaber das eigene Überleben zu sichern. Die beiden anderen der drei altpreußischen Großlogen folgten diesem opportunistischen Ansatz, der natürlich auch für die einzelnen Mitgliedslogen Wirkung zeigte. Entsprechend kam es zur Gründung des *Deutsch-Christlichen Ordens, St.-Johannis-Konvent Kiel, genannt »Alma an der Ostsee«*. Ein im Begleitschreiben auf den 6. September 1933 datierter Fragebogen belegt, dass auch in Kiel der Arierparagraph umgesetzt wurde: »Sind Ihre Eltern und Großeltern arischer Abstammung gewesen?«, heißt es dort etwa, oder: »Ist Ihre Frau Jüdin?« Die Fragen waren »nach bestem Wissen und Gewissen« zu beantworten; »Ordensbrüder, die nicht arischer Abstammung sind, sind aus dem Orden mit sofortiger Wirkung ehrenhaft zu entlassen.«[21]

Als weiteres Beispiel für den Versuch, sich einerseits mit dem Regime zu arrangieren und andererseits die Eigenständigkeit zu bewahren, kann eine Rede des späteren Logenmeisters Rudolf Thietz angeführt werden, die er am 24. Mai 1934 auf einem Treffen von schleswig-holsteinischen Freimaurern gehalten hat. Trotz der Bedrängnisse, denen selbst frühere Logenmitglieder noch ausgesetzt waren (»Wir werden verleumdet und mit Schmutz beworfen«), verweist Thietz auf die Werte der Gemeinschaft und insbesondere auf die Botschaft Christi, dass jeder »sein Kreuz« aufzunehmen und sich aktiv mit der Bürde auseinanderzusetzen habe: »Wir brauchen uns unseres Ordens nicht zu schämen, und sind wir in eine tragische Lage hineingeraten, so wollen wir diese Tragik tragen«. Aber Thietz fügt auch hinzu, man könne die Bürde annehmen »im Bewusstsein unseres guten Gewissens, in der Überzeugung, dass im tiefsten unsere Ziele dieselben sind wie die der Bewegung und ihres großen Führers«. Diese fatale Gleichsetzung von freimaurerischen und nationalsozialistischen Absichten hat System, heißt es doch später: »Wir haben dem Führer Adolf Hitler Treue gelobt«; er »soll an uns bewährte Kämpfer finden, die *bewiesen* haben, was Treue heißt.«[22] Die Unterwerfungsgeste verfing allerdings nicht.

Tatsächlich berief Wilhelm Edding – nunmehr in seiner Rolle als »Konventmeister« – am 9. Mai 1935 zu einer Hauptversammlung ein, deren einziger Tagesordnungspunkt im Verkauf des Logenhauses bestand. Das erhaltene Protokoll umfasst lediglich eine Seite und stellt im Hinblick auf eine Diskussion lapidar fest: »Zur Aussprache gestellt, meldet sich niemand zum Wort.«[23] Der Verkauf wurde bei zwei Enthaltungen mit 34 von 36 Stimmen beschlossen; insgesamt dauerte das Verfahren dreißig Minuten. Nur gut zwei Monate später erfolgte die Auflösung der Loge. Diese ist auf den 16. Juli 1935 datiert und markiert den Tiefpunkt in der Entwicklung der *Alma an der Ostsee*. Ab diesem Zeitpunkt war Kiel ohne reguläres freimaurerisches Leben, zudem die anderen Kieler Johannislogen *Frithjof zum Nesselblatt* und *Wiking zur Wahrheit* ebenfalls nicht mehr existierten. Auch

Bijou der Johannisloge *Wiking zur Wahrheit*, die von 1910–1933 in Kiel existierte die Andreasloge *Fortunata* und das Ordenskapitel *Desiderata* hatten sich aufgelöst. Nur kurze Zeit später, am 17. August 1935, ordnete Wilhelm Frick, Reichsminister des Inneren, das Verbot der Freimaurerei in Deutschland an.

Aufschlussreich für die damalige Perspektive ist der Propagandaartikel *Das Haus der Geheimnisse und des Schweigens*, der am 14. September 1935 in der *Nordischen Rundschau* erschien, einer nationalsozialistischen Tageszeitung. Ziel des Texts war die Diskreditierung der Freimaurerei, und entsprechend dramatisierend wird behauptet, im Logenhaus seien »Miniatursärge, jüdische Schabbesleuchter, Degen, Körbe voll Totenschädel und Knochen, irgendeine ägyptische Göttin aus Gips, ganze Skelette« und ähnliche Dinge vorzufinden gewesen. Der Tonfall des Beitrags ist offen antisemitisch. Mehrfach wird »jüdische Mystik mit allen ihren Zutaten und Requisiten« bei den Freimaurern ausgemacht und solchermaßen demonstriert, wie sich »deutsche Männer, auch wenn sie guten Glaubens waren, einer idealen Sache zu dienen, selbst erniedrigten und entmannten«.[24] – Weit nüchterner liest sich hingegen das am 22. August 1935 staatspolizeilich angefertigte Verzeichnis von Gegenständen, die im Logengebäude »sichergestellt« worden waren. Die allermeisten Objekte der 120 Positionen umfassenden Liste sind Bücher.[25]

Der nächste Schritt für die offiziell bereits inexistente *Alma* bestand im Verkauf des Hauses am Lorentzendamm. Als Liquidator des Logenvermögens war Paul Rosenthal bestimmt worden, der dem *Deutsch-Christlichen Orden der Tempelherren* – also der vormaligen *Großen Landesloge* – angehörte.[26] Die nachfolgenden Vorgänge sind nur bedingt erschlossen. Trotz der auf den Weg gebrachten Maßnahmen wurde im Oktober 1935 die Zwangsversteigerung des Hauses am Lorentzendamm angeordnet, aber im März des Folgejahres wieder aufgehoben. Zum gleichen Zeitpunkt hat die Stadt Kiel ein finanziell unangemessenes Angebot in Höhe von 80.000 RM gemacht, das sich auf Gebäude und Grundstück bezog. Offensichtlich wurde diese Offerte, die das Inventar nicht mit einschloss, angenommen und das Haus ab 1937 für die nachfolgende Nutzung umgebaut; anschließend bot es Platz für die Stadtbücherei und die Nordische Rundfunk AG (NORAG). An der Eingangsfassade wurden die schmückenden Elemente und aufwendig gestalteten Fenster und Türen entfernt, um es dem nationalsozialistischen Baustil anzupassen; dazu gehörte auch ein an der Fassade angebrachtes Hakenkreuz. Am 19. Mai 1944 ging das Haus bei Bombardierungen weitgehend verloren und bestand anschließend nur als Ruine.[27]

Vergleichsweise unklar sind auch die Umstände, die die logeneigenen Wertgegenstände betreffen. Offenbar wurden alle Objekte – wie zum Beispiel silberne Gerätschaften – zu einem minimalen Preis veräußert, obwohl sie auch versteckt hätten werden können. Dies bedeutete nicht nur einen weiteren materiellen Schaden, sondern auch einen Verlust an Tradition und eigener Geschichte. Ein erheblicher Teil der Akten konnte vom Freimaurer August Sartori – dem Sohn des Reeders – übernommen werden, der in seiner Eigenschaft als britischer Konsul einen gewissen Schutz genoss. Er brachte die Unterlagen in seinem Tresor unter. Als Sartori jedoch im Jahr 1940 verstarb, erfuhr die Gestapo durch eine gezielte Indiskretion von den Unterlagen. Die Papiere wurden an Ort und Stelle verbrannt; lediglich ein kleiner Teil konnte in einem unbeobachteten Moment durch einen Prokuristen beiseite geschafft werden.

Als letzte Kontaktmöglichkeit unter den Freimaurern blieben nur private Zusammenkünfte. Unverdächtige Anlässe – Geburtstage, Skatabende, Stammtischrunden – ließen sich leicht finden und sicherten zumindest ein rudimentäres Gefühl der Zusammengehörigkeit. Als nützlich erwies sich dabei der *Montags-Kegel-Klub*, der bereits 1900 von Mitgliedern der *Alma* gegründet worden war und noch immer Bestand hatte. Man traf sich wöchentlich auf ein ge-

Ruine des Logenhauses am Lorentzendamm

meinsames Glas nach der Arbeit sowie vierzehntägig zum Kegeln in der Gaststätte *Zur Sennhütte* oder in geeigneten Lokalen in der Holtenauer Straße. Anfangs waren auch noch gemeinsame Ausflüge möglich; diese endeten dann aber 1939 durch den Weltkriegsbeginn. In den nachfolgenden Jahren waren die Freimaurer zumeist auf erweiterte familiäre Zusammenkünfte angewiesen, hielten aber den Kontakt untereinander, soweit dies möglich war. Endlich, am 8. Mai 1945, kapitulierte das Deutsche Reich. Damit wurde auch für die Mitglieder der *Alma an der Ostsee* ein Neuanfang möglich.

RUDOLF THIETZ

Rudolf Thietz wurde am 15. März 1885 in Wuppertal geboren. Von 1910 bis 1913 war er der Hauslehrer der letzten Prinzen des Königreichs Württemberg.[III] 1912 wurde er in Straßburg promoviert und trat 1913 eine Stelle als Oberlehrer an der heutigen Kieler Hebbelschule an. Er unterrichtete Deutsch, Religion, Hebräisch, Philosophie und Turnen und leitete von 1945–50 als Oberstudiendirektor die Käthe-Kollwitz-Schule. Zudem war er politisch tätig: Thietz gehörte dem ersten ernannten schleswig-holsteinischen Landtag als Parteiloser vom 26. Februar bis zum 11. November 1946 sowie dem zweiten ernannten Landtag für die CDU vom 28. März bis zum 19. April 1947 an. Er starb am 18. August 1966. In der *Alma* war Thietz seit 1924 Mitglied und von 1927–35 Redner; seine 1953 veröffentlichte *Festschrift zur Hauseinweihung Beseler-Allee 38* bedarf jedoch genauso wie Thietz' uneindeutige Rolle während des Nationalsozialismus der Neubewertung.

DER NEUBEGINN
1946–1962

Die alten Symbole Winkelmaß, Wasserwaage und Senkblei zeugen von der Beharrlichkeit einer Hoffnung, die sich durch nichts widerlegt sehen will. Von der etablierten Ungerechtigkeit nach Gerechtigkeit verlangen; in Zeiten der Ungleichheit Gleichheit zu fordern; angesichts tätiger Feindseligkeit geduldig zur Brüderlichkeit zu überreden: auch dafür hat der Freimaurerbund ein Beispiel gegeben.
Siegfried Lenz (1926–2014)

iel war nach dem Weltkrieg zu großen Teilen zerstört und lag buchstäblich in Trümmern. Nur ein Viertel der Gebäude erwies sich als unbeschädigt, bei Wohnungen sogar nur ein Fünftel. In einigen Stadtteilen war die Zerstörung so groß, dass dort weite Flächen, die früher bebaut gewesen waren, wie leergefegt vor dem Betrachter lagen. Kiel stand unter britischer Verwaltung, die zunächst alles dafür tat, um die Bevölkerung mit dem Notwendigsten zu versorgen. Parallel dazu setzte ein Entnazifizierungsprozess ein, der sich über Jahre hinziehen sollte und keineswegs in dem Maß erfolgreich war, wie dies wünschenswert gewesen wäre.

Dieser Aspekt betraf auch die Kieler Freimaurer, die sich bereits kurz nach Kriegsende mit der Frage beschäftigten, wie die *Alma* wieder reaktiviert werden könnte. Formal waren die Bedingungen hierzu rasch gegeben, da die US-amerikanische Militärregierung in Berlin bereits am 13. Dezember 1945 der *Große Landesloge der Freimaurer von Deutschland* die Wiedereröffnung erlaubt hatte, zu der es am 27. Dezember dann auch kam. Entsprechend wurden auch in Kiel Pläne gemacht. Die Initiative ging von Claus Theede aus, der alle ihm bekannten Freimaurer am 2. Januar 1946 in den Kieler *Ratskeller* zusammenrief. Zu dem Treffen erschienen einunddreißig Brüder. Es wurde beschlossen, die *Alma* zu reaktivieren, das Grundstück Lorentzendamm zurückzufordern und sich alle vierzehn Tage im Hotel *Flensburger Hof* einzufinden, um über weitere Schritte zu beraten. Auch konnte ein neuer Logenmeister gewählt werden, nämlich der bereits erwähnte Lehrer und zeitweilige Politiker[28] Rudolf Thietz (1885–1966). Ein glücklicher Umstand, denn der rhetorisch versierte Mann sollte in den nachfolgenden Jahren tatsächlich maßgeblich dazu beitragen, die Loge wieder aufzubauen.

Zur formalen Neugründung kam es bereits wenige Monate später, wenn auch in erster Linie aufgrund einer günstigen Gelegenheit. Zu den britischen Soldaten gehörte nämlich der *Investigation Officer* (und spätere Kaufmann) Charles Wallis,[29] ein Freimaurer, der mit der Tochter von Claus Theede liiert war.[30] Mit seiner Hilfe gelang es, alle bürokratischen Hürden in vergleichsweise kurzer Zeit zu überwinden, und so wurde die bis jetzt noch recht lose Vereinigung der Kieler Freimaurer als Nachfolgerin der *Alma* anerkannt. Diese war damit nicht nur die erste Loge in Schleswig-Holstein, die die Arbeit wieder aufnehmen konnte, sondern die erste in der britischen Besatzungszone überhaupt. Kein Wunder, dass sich Freimaurer in anderen Städten an diesem Modell orientierten, wobei Theede und Wallis beratend zur Seite standen. Dies betraf auch – und zwar in zahlreichen Fällen – die Rückgabe von Logenhäusern.[31]

Trotz dieses schnellen Erfolgs verlief der Anfang sehr beschwerlich. Es standen weder Räume noch Ritualgegenstände zur Verfügung; zudem drückte natürlich die materiell völlig unzureichende Situation der Nachkriegszeit. Daher musste viel improvisiert werden. Außerdem blieben alle Nachforschungen im Hinblick auf verlorene Gegenstände trotz polizeilicher Unterstützung vergeblich. Allerdings fanden sich zumindest die Porträts der Logenmeister wieder. Sie waren im Keller der Landesbibliothek gelagert worden – zwar ohne Rahmen, aber in Kisten verpackt und daher gut erhalten. Lediglich das Bildnis von Johann Hussmann, das im Krieg verloren gegangen war, wurde ersetzt. Was die Logenbibliothek betraf, so überstand ein kleiner Teil die NS-Zeit im dänischen Haderslev, wohin er ausgelagert worden war. Da der größere Teil jedoch verschwunden blieb, mussten alle Ritualbücher anderweitig beschafft werden. Und an eine würdige Ausstattung des Tempels war schon gar nicht zu denken, da keinerlei Material zur Verfügung stand. Entsprechend wurden die zu Vortragsabenden umfunktionierten Treffen im *Flensburger Hof* erst einmal fortgesetzt.

Wie sehr die freimaurerischen Aktivitäten eine Lücke in der auch geistig kargen Nachkriegsgesellschaft füllten, zeigt sich daran, dass die Versammlungen von immer mehr Teilnehmern besucht wurden. Tatsächlich wuchs die Runde so rasch, dass der *Flensburger Hof* schon bald keine adäquaten Räumlichkeiten zur Verfügung stellen konnte. So siedelte die Loge Ende September 1947 in *Holst's Hotel* um, das sich in der Beselerallee 38 und damit – wie sich noch zeigen wird – an einem zukunftsträchtigen Standort befand. Zwei Jahre später, im Jahr 1949, musste erneut umgezogen werden, diesmal in die Rathausstraße 4. Hiermit wurde nicht zuletzt der Tatsache Rechnung getragen, dass das Mitgliederverzeichnis 1949/50 bereits 108 Freimaurer auswies.

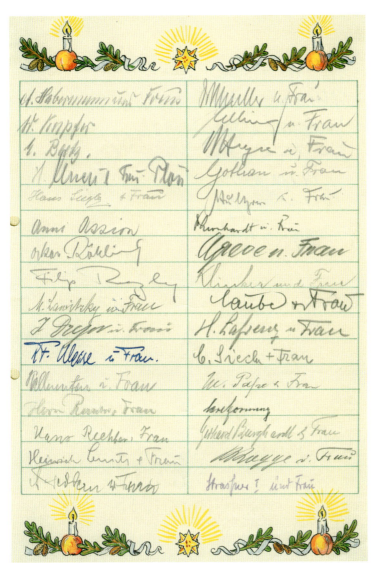

Schwesternfest in der Forstbaumschule, 11. Dezember 1948
Zeichnung und Anwesenheitsliste

Lichteinbringung am 28. März 1953

An dieser Stelle ist jedoch eine Ergänzung notwendig. Bereits am 20. Januar 1946, also kurz nach der von Claus Theede einberufenen ersten konstituierenden Sitzung, hatte die Ordensleitung[32] mit einem Brief festgestellt, dass sich frühere Logenmitglieder im Rahmen eines internen Entnazifizierungsvorhabens neu anmelden mussten, wenn sie wieder eintreten wollten. Sie wurden dann durch eine Kommission überprüft. Diejenigen, die nicht nur Mitglied der NSDAP gewesen waren, sondern ihre Parteinähe zudem durch einen Austritt bei der *Alma an der Ostsee* demonstriert hatten, wurden nicht wieder zugelassen. Dieses Verfahren führte dazu, dass eine erhebliche Anzahl von Freimaurern keine Wiederaufnahme beantragte. Unterstützt wurde die *Alma* hingegen von ehemaligen Mitgliedern der *Wiking zur Wahrheit*. Gegründet 1910 unter der *Großen Loge Royal York zur Freundschaft*, hatte sich die kleine und beständig von Finanznöten bedrängte Johannisloge unter dem Eindruck der politischen Lage bereits am 2. Juni 1933 aufgelöst. Die wenigen Brüder, die den Krieg überlebt hatten, beschlossen 1947 mitsamt ihrem letzten Logenmeister Wilhelm Heyse einmütig, sich der *Alma* oder der zweiten Kieler Johannisloge *Frithjof zum Nesselblatt* anzuschließen.[33]

Die Loge prosperierte also – und hatte doch noch immer kein eigenes Haus. Immerhin konnte sie Ansprüche im Hinblick auf das Grundstück am Lorentzendamm 23 anmelden. Diesen wurden am 30. Mai 1951 im Rahmen eines Vergleichs zwischen der Loge und der Stadt Kiel vor dem Wiedergutmachungsamt auch entsprochen, womit die Alma wieder rechtmäßige Besitzerin des Geländes mit der darauf befindlichen Ruine war; allerdings verhinderte die symbolische Entschädigungssumme in Höhe von 3.000 DM weitergehende Forderungen. Außerdem dürfte schon vor diesem Arrangement klar gewesen sein, dass ein Wiederaufbau unrealistisch war, da die nötigen Mittel fehlten. Es schien daher sinnvoller, das Grundstück zu verkaufen. Hierzu musste zunächst neuer Wohnraum für jene sechsköpfige Familie gefunden werden, die im Keller der Ruine lebte;[34] danach wurde das Gelände an die Industrie- und Handelskammer verkauft. Ernsthafte Konkurrenz scheint es hierbei nicht gegeben zu haben, da ein unterdessen aufgestellter Bebauungsplan der Stadt zumindest einen weiteren Interessierten – mit dem bereits Vorverhandlungen durchgeführt worden waren – von vornherein ausschloss. Entsprechend wechselten Grundstück nebst Ruine am 1. November 1952 für 70.000 DM den Besitzer.

Ob diese Summe angemessen gewesen ist, lässt sich bezweifeln. Für die Einigung werden aber nicht zuletzt zwei Gründe ausschlaggebend gewesen sein: Zum einen erzeugte die Liegenschaft nicht unerhebliche Kosten, die die Logenkasse belasteten. Zum anderen war der *Alma* ein wohlbekanntes Objekt angeboten worden, das als neues Logenhaus aussichtsreich schien, nämlich die Beselerallee 38. Inhaber Willy Andresen wollte sich von dem Gebäude trennen, das um 1913 errichtet worden und zunächst als Adresse des Tiefbau-Unternehmers Rudolf Ihms ausgewiesen war. Bereits 1915 hatte der Kaufmann Hans Jacobsen mit seiner Familie das Haus übernommen, dessen obere Etagen für Mieter zur Verfügung standen; 1938 wird erstmalig Willy Andresen und damit der Besitzer von *Holst's Hotel* als Eigentümer verzeichnet. Bereits im Zuge des Zweiten Weltkriegs erfolgten Umbauten, um das an seinem ursprünglichen Standort am Schlossgarten ausgebombte Hotel aufnehmen zu können. Nun erhielt die *Alma* Grundstück wie Gebäude mitsamt allen Wirtschaftseinrichtungen für einen Kaufpreis von 68.000 DM. Allerdings: Von einem Logenhaus konnte man zunächst noch nicht sprechen. Hierzu waren erhebliche Investitionen erforderlich, zumal in einem jahrelangen Prozess auch noch Kriegsschäden ausgebessert werden mussten. Die Gestaltung der Räume erforderte ebenfalls erhebliche Summen. Obwohl die Sanierungen keineswegs abgeschlossen waren, konnte das Haus am 28. März 1953 feierlich eingeweiht werden. Eine eigens erstellte Festschrift fasst – wenngleich in den Details bisweilen hinterfragenswert – die Geschichte der Jahre 1935 bis 1953 zusammen. Das Haus war geräumig genug, um auch die seit dem Sommer 1949 wieder arbeitende Andreasloge *Fortunata* und das Ordenskapitel *Desiderata* aufnehmen zu können. Gleiches galt – und gilt bis heute – für die 1889 zunächst als freie Loge *Tom Kyle* gegründete und 1910 aus dieser hervorgegangene Kieler Johannisloge *Frithjof zum Nesselblatt*. Nachdem sie sich am 12. April 1933 aufgelöst hatte, wurde die Loge durch einen Beschluss ihrer Mitgliederversammlung am 3. Mai 1948 wieder hergestellt. Sie gehört seit 1958 der *Großloge der Alten Freien und Angenommenen Maurer von Deutschland* an.

Rudolf Thietz, der all diese Vorgänge maßgeblich mitgestaltet hat, war als Logenmeister bis 1959 im Amt. Er trat aus gesundheitlichen Gründen nicht wieder an, blieb der *Alma* aber als Redner erhalten und starb am 18. August 1966 im Alter von 82 Jahren.[35] Sein Nachfolger wurde der Oberregierungsrat Otto Fritz Schwartz (1909–1986), dessen bis 1962 währende Amtsführung ebenfalls von der baulichen Situation des Logenhauses bestimmt wurde. Noch immer gab es schwere Schäden am Haus, das zudem nur mit einem Notdach ausgestattet war. 1960 kam es zu einer völligen Neugestaltung des Obergeschosses, in deren Verlauf eine komplette Betondecke eingezogen wurde, um den geräumigen Bodenraum besser nutzen zu können. Das Bauprogramm war so umfangreich, dass die erheblichen Kosten trotz der ohnehin bereitgestellten Mittel durch eine Hypothek und Mitgliederspenden ergänzt werden mussten. Glücklicherweise standen mit dem Architekten Walter Portofee und dem Dipl.-Ingenieur und Baumeister Friedrich Anger zwei Freimaurer vor Ort zur Verfügung, die sich des ambitionierten Vorhabens fachgerecht annehmen konnten. Schließlich näherte sich das Jahr 1966 und damit das einhundertste Gründungsfest der *Alma an der Ostsee*.

Logenhaus in der Beselerallee 38
Außenansicht, Foyer und Tempel

Artikel in den *Kieler Nachrichten*, 4. August 1966

HUNDERT JAHRE ALMA: RÜCKSCHAU UND BLICK NACH VORN 1962–1974

Ich habe mich viel mit der Geschichte des Freimaurerordens beschäftigt und die Bedeutung für das Entstehen der europäischen Kultur gewürdigt. Ich bin überzeugt, dass er in der Aufrechterhaltung derselben etwas zu bedeuten hat, weil er das freisinnige und ethische Miteinander vertritt, das, was Kultur ausmacht.
Albert Schweitzer (1875–1965)

Otto Schwartz verzichtete im Jahr 1962 auf seine Wiederwahl als Logenmeister, um sich verstärkt seinen Aufgaben im Bereich der Jugendarbeit und der freimaurerischen Forschung zu widmen. Sein Nachfolger wurde der Arzt Günter Strassner (1920–2003), dem es trotz seiner beruflichen Belastung gelang, die Gemeinschaft der *Alma* weiter zu festigen, wobei ihm seine starke Persönlichkeit ein große Hilfe gewesen sein soll. Er bereicherte das freimaurerische Leben aber auch mit zahlreichen Vorträgen.

In seine erste Amtsperiode fiel das Stiftungsfest zum 100-jährigen Bestehen der *Alma an der Ostsee*, ein Geburtstag, dem nicht nur wegen der runden Zahl, sondern auch wegen der überstandenen

Schwierigkeiten eine besondere Rolle zukam. Die dreitägigen Feierlichkeiten »mit Gästen von Rang und Namen«[36] fanden vom 25.–27. November 1966 im Stadttheater, in den Hotels *Astor* und *Bellevue* sowie im Logenhaus statt. Das Programm war dem Anlass entsprechend eindrucksvoll: Am Freitag Pressekonferenz, Empfang der Ehrengäste und eine Aufführung von Mozarts *Zauberflöte*, wobei als Gast von der Hamburgischen Staatsoper der Sänger und Freimaurer Peter Roth-Ehrang (1925–1966) mitwirkte.[37] Am Samstag schlossen sich eine Festarbeit sowie eine entsprechende Tafelloge an, während der Sonntag mit einer Morgenfeier begrüßt wurde, zu der Oberbürgermeister Günther Bantzer (*1921) erschien. Ein abendliches »Schwesternfest« rundete das Ereignis ab. Zu Gast waren Freimaurer aus dem In- und Ausland, darunter insbesondere Abgesandte der skandinavischen, britischen und US-amerikanischen Großlogen. Der Empfang im Stadttheater erwies sich als gesellschaftliches Ereignis ersten Ranges. Dr. Helmut Lemke, Bundesratspräsident und Ministerpräsident von Schleswig-Holstein (1907–1990), Jochen Steffen, Vorsitzender der SPD in Schleswig-Holstein und Oppositionsführer im Landtag (1922–1987), Kultusminister Claus-Joachim von Heydebreck (1906–1985), Bürgermeister Rudolf Titzck (1925–2005) sowie weitere »Prominente aus Staat und Wirtschaft« standen auf der Gästeliste.[38]

Flankiert wurde das Jubiläum von zwei weiteren Ereignissen. Zum einen fand in den Räumen des Logenhauses eine große Ausstellung zur Geschichte der Freimaurerei statt, die in verschiedenen Abteilungen alle Gebiete der »königlichen Kunst« umfasste. Höhepunkte waren unter anderem das Protokollbuch der ältesten deutschen Loge, *Absalom zu den drei Nesseln* (Hamburg), in dem die Aufnahme Friedrichs des Großen 1738 verzeichnet ist, verschiedene Ausgaben der »Alten Pflichten«, der *Constitutions of the Free-Masons* (1723) von James Anderson sowie ein Erstdruck von *Ernst und Falk. Gespräche für Freymäurer*, 1778 anonym von Gotthold Ephraim Lessing veröffentlicht. Weitere Exponate stammten aus einer Wanderausstellung der *Großloge der Alten Freien und Angenommenen Maurer von Deutschland* und dem *Deutschen Freimaurermuseum* in Bayreuth. Die sorgfältig vorbereitete Schau wurde sehr gut besucht und erwies sich als voller Erfolg; in einem Bericht ist von einem »ganz besonderen Zustrom von profaner Seite« die Rede.[39]

Dies lag auch an flankierenden Beiträgen in der Presse. Zudem hatten – als zweites Ereignis neben der Ausstellung – sowohl die *Kieler Nachrichten* als auch die sozialdemokratische *Volkszeitung – Kieler Morgenzeitung* Schaufensterflächen für die *Alma* zur Verfügung gestellt. Neben Ritualgegenständen und Gläsern wurden dort Bilder aus der Geschichte der Kieler Johannisloge gezeigt; es gab aber auch einen Überblick zur internationalen Freimaurerei und zur Situation in der DDR, wo Logenarbeit nicht möglich war. Beide Schaufenster erwiesen sich während der gut zweiwöchigen Präsentation als Publikumsmagneten. Außerdem erschien eine Festschrift, die die Geschichte der Loge aus mehreren Blickwinkeln aufarbeitete.[40]

Günter Strassner äußerte sich zur Position und der Zukunft der Freimaurerei, indem er in seinem Grußwort vor dem Opernbesuch an ein Zitat von Bundespräsident Theodor Heuss erinnerte: »Er sagte: *Auch die Freimaurerlogen konnten überdauern oder sich nach der Zerstörung wieder erneuern. Es ist vollkommen gleichgültig, wie dieser und jener zu ihrer Geschichtsüberlieferung und Symbolik steht. Sie sind wieder vorhanden und in ihrer Tradition wirksam. Darüber sind wir froh.* Diese Worte der Toleranz und der Anerkenntnis haben uns Freimaurern den Mut gegeben, in das Geschehen unserer Zeit einzutreten und an allen Plätzen, an die wir gestellt wurden, unser Suchen nach Wahrheit und Menschlichkeit fortzusetzen. Wir wollen nicht müde werden in unserer Forderung nach dem friedlichen Zusammenleben aller Menschen.« Damit verbunden sei die Bereitschaft, denen zu helfen, die in

Not sind: »Caritas und Humanitas sind zwei tragende Säulen unserer Gemeinschaft.«

1974 trat Günter Strassner vom Amt des Logenmeisters zurück, weil ihn sein Beruf und seine Tätigkeit für das Ordenskapitel *Desiderata*, dem er von 1969 bis 1984 vorsaß, zu sehr forderten. Er starb 2003. Dass sein Name noch heute eng mit der Freimaurerei verbunden wird, ist nicht nur ihm, sondern auch einem seiner Söhne zu verdanken: Der Kieler Arzt Achim Strassner (*1947) ist nicht nur Mitglied der Alma, sondern seit dem 9. April 2016 Ordensmeister der *Großen Landesloge der Freimaurer von Deutschland*.

VON HIER AUS: DIE ALMA IM 21. JAHRHUNDERT
1974–2016

> *Ich sage, die freie Welt hat eine Idee, die groß und wirksam ist: Die Idee der Freiheit, der Freiheiten. Sie ist der Niederschlag von 3.000 Jahren europäischer Geschichte. Das sind die Freiheiten, denen die Freimaurer verpflichtet sind.*
> Thomas Dehler (1897-1967)

ls im Jahr 1974 der Ingenieur Harry Karsten (1926–1993) das Amt des Logenmeisters übernahm, hatte sich die Lage der *Alma* weitgehend stabilisiert. Die Bedrängnisse der Nachkriegszeit gehörten nicht zuletzt dank des Logenhauses der Vergangenheit an, so dass eine ideale Grundlage für freimaurerische Arbeit gegeben war. Karsten, der das Amt zunächst von 1974 bis 1980 und dann noch einmal von 1983 bis 1986 innehatte, förderte die allgemeine Konsolidierung, indem er die wirtschaftlichen Verhältnisse rund um das Haus in der Beselerallee neu ordnete. Neben der *Alma* haben in dem Gebäude auch die Andreasloge *Fortunata*, das Ordenskapitel *Desiderata*, die Johannisloge *Frithjof zum Nesselblatt* sowie die Mitglieder von *Pronaos Kiel – »Saint Germain«* des *Alten und Mystischen Ordens vom Rosenkreuz* Platz gefunden. In diesen Jahren war es zudem möglich, einen gastronomischen Betrieb zu integrieren, der auch Nicht-Freimaurern zugänglich war und für zusätzliche Integration des Hauses ins Kieler Stadtleben sorgte. Diese Entwicklung wurde von Karsten

auch durch die Einrichtung von Gesprächsabenden unterstützt, die sich an Suchende und ihre Partnerinnen richten und bis heute stattfinden. Ebenfalls von Dauer war die Etablierung von Kontakten nach England, wobei Harry Karsten seine beruflichen Verbindungen ins Ausland nützlich waren. Unterstützt von Eyke Bettinghausen, wurde während seiner zweiten Amtsperiode eine herausragende Partnerschaft mit der *The Oaks Lodge No. 5921* in Surrey geschlossen, die dank regelmäßiger gegenseitiger Besuche über Jahre anhielt.

Von 1980 bis 1983 stand Karl-Heinz Nissen (1923–1994) der *Alma* vor. Der selbständige Rundfunk- und Fernsehmechanikermeister hatte eine ausgeprägte Leidenschaft für klassische Musik und führte Kammermusikabende im Logenhaus ein; darüber hinaus gelang es ihm, eine Festaufführung von Mozarts *Zauberflöte* zu organisieren, deren Besuch ausschließlich Freimaurern sowie deren Angehörigen vorbehalten war. Dank regen Zuspruchs aus dem Umland erwies sich das Kieler Opernhaus mit 868 Plätzen am 27. Oktober 1983 als voll besetzt, wobei mehr als 150 Freikarten an Kinder und Jugendliche von drei Kieler Gymnasien verteilt wurden. Auch sie sollen – »insbesondere vom festlichen Rahmen« – sehr angetan gewesen sein.[41] Eine dauerhafte Einrichtung aus der Amtsperiode von Karl-Heinz Nissen ist die Herausgabe der *Alma-Post* ab Juni 1983, einer Logenzeitung, die der Verbindung der Brüder untereinander dienen soll und neben organisatorischen und terminlichen Dingen auch Anregungen, Berichte und Überlegungen enthält. Nach einigen Änderungen in Format und Umfang erscheint die *Alma-Post* weiterhin und hat es bis einschließlich 2016 auf 80 Hefte gebracht; drei Sonderausgaben eingerechnet.

Nach der zweiten Amtsperiode von Harry Karsten wurde 1986 Konrad Albers (*1934) zum Logenmeister gewählt. Er intensivierte den Kontakt zu den Logen in Schleswig-Holstein, indem er häufig deren Versammlungen besuchte, wobei er meist von weiteren Freimaurern aus Kiel begleitet wurde. Auch verbesserte er die Ausstattung des Logenhauses. So wurden unter anderem die Ritualräume neu eingerichtet, wobei glücklicherweise meist auf Kräfte in den eigenen Reihen zurückgegriffen werden konnte. Schließlich kam es anlässlich des 125sten Stiftungsfestes 1991 zu einer Publikation, die die Geschichte der *Alma an der Ostsee* in aktualisierter Form zusammenfasste.[42] Als am weitreichendsten dürften sich allerdings zwei andere Entscheidungen herausstellen. Zum einen wirkte Konrad Albers dem zu dieser Zeit mit rund sechzig Brüdern recht abgesunkenen Mitgliederstand entgegen, indem er die bislang nur sporadisch abgehaltenen Informationsabende regelmäßig stattfinden ließ, was mittelfristig eine Trendwende bewirkte. Zum anderen begann in seiner Amtszeit der Beginn des Kieler Engagements in Putbus. Nach dem Ende der DDR wurden vielfach freimaurerische Kontakte in die neuen Bundesländer geknüpft, in denen Logenarbeit über Jahrzehnte nicht möglich gewesen war. Ab 1990 kam es auf Initiative der *Großen Landesloge* zu Besuchen in dem ältesten Seebad der Insel Rügen, um bei der Wiederbelebung der 1846 gegründeten Johannisloge *Rugia zur Hoffnung* in Form einer »aktiven Partnerschaft« helfen zu können; hierzu wurde ein entsprechender Verein gegründet und die Patenschaft übernommen.[43] Interessierte fanden Aufnahme in der *Alma*, um die reguläre freimaurerische Laufbahn zu absolvieren. Bereits zwei Jahre später, am 7. Mai 1994, konnte die Loge reaktiviert werden. Zum 160. Stiftungsfest am 28. April 2007 wurde das Amt des Logenmeisters aus der Hand des Kielers Hans-Walter Reuthal an den Rügener Rüdiger Grübel übergeben, womit die *Rugia* erstmals seit der Neugründung unter ortsansässiger Leitung steht. In der Zeit zuvor war die Loge von *Alma*-Mitgliedern geleitet worden, nämlich von Ernst-Hellmuth Heyse (1994–1998) und von Gerhard Fröhler (1998–2004).[44] Seit 2010 steht Gerhard Kuhl der *Rugia* vor. Die Verbindungen nach Kiel sind aber auch weiterhin sehr herzlich und intensiv, wie nicht zuletzt

RUGIA ZUR HOFFNUNG

Am 30. August 1847 wurde in Putbus auf Rügen die Johannisloge *Rugia zur Hoffnung* gegründet, die damals wie heute zur *Großen Landesloge der Freimaurer von Deutschland* gehört. Nachdem zunächst Räume in einer Gaststätte genutzt worden waren, konnte die *Rugia* 1860 ins eigene Logenhaus am Circus 3 umziehen, einem zentralen Platz in der Ortsmitte. Das Gebäude war den Freimaurern zwei Jahre zuvor von der Fürstin Luise zu Putbus geschenkt worden. Schnell wurde das allgemeine Leben von den Aktivitäten der *Rugia* mitbestimmt. Eine wichtige Rolle spielte dabei der Freimaurer Ferdinand Hasenbalg (1793–1852), der im Auftrag des Fürsten Wilhelm Malte zu Putbus den Plan zu einem Gymnasium in dem Seebad umsetzte und der erste Direktor des *Pädagogiums Putbus* wurde. 1865 hat die Loge zum Gedenken an ihn die Hasenbalg-Stiftung ins Leben gerufen. 1935 wurde die Loge geschlossen und das Logenhaus an die fürstliche Familie rückübertragen. In der DDR war keine freimaurerische Arbeit möglich, und das enteignete Logengebäude wurde zu einem Wohnhaus umfunktioniert. Schließlich erfolgte im Mai 1994, nahezu sechzig Jahre nach Schließung der Loge, die feierliche Lichteinbringung in der Aula des Pädagogiums am Circus. Doch noch mussten alle Arbeiten in einem behelfsmäßigen Tempel mit einfachsten Mitteln im Pädagogium abgehalten werden. Erst nach der endgültigen Rückgabe des Grundstücks am Circus 1998 und einer kostenintensiven Sanierung des weiterhin als Mietshaus genutzten Gebäudes konnte unter tatkräftigem Einsatz von *Alma*-Mitgliedern ein Tempel in Form eines Anbaus errichtet werden; das Gründungsfest erfolgte im Juni 2002. Zwei Jahre später wurde die *Hasenbalg-Stiftung* reaktiviert und in einen gemeinnützigen Verein umgewandelt.

150 Jahre *Rugia zur Hoffnung* am 3. Mai 1997

die 2008 erfolgte Einrichtung eines gemeinsamen Lehrlings- und Gesellenkonvents in Putbus zeigt. Zudem erfolgt jährlich zum *Rugia*-Stiftungsfest im Mai der Besuch von *Alma*-Mitgliedern, die zugleich als Doppelmitglieder auch Brüder der *Rugia* in Putbus sind.

Im Jahr 1995 trat Hans-Walter Reuthal (*1939) die Nachfolge von Konrad Albers an. Seine Amtszeit ist insbesondere mit herzlichen Verbindungen in den skandinavischen Raum verbunden, zu dem vielfältige Kontakte geknüpft wurden; beispielsweise zur Loge *Salomon a Trois Serrures* in Göteborg. Um einen großen Logenmeister und herausragenden Kieler Bürger zu würdigen, aber auch, um den Bekanntheitsgrad der *Alma* zu erhöhen, wurde am 2. Februar 2001 ein Gedenktag für August Sartori in der Beselerallee veranstaltet.[45] Die Feier war nicht nur gut besucht, sondern bewirkte prompt einen großen Artikel in den *Kieler Nachrichten*.[46] Ein weiteres wichtiges Ereignis dieser Jahre war die komplette Umgestaltung des Logentem-

BRUDERHAND HILFS-FONDS E.V.

Haus Zinnendorf, Hamburg

Die Bereitschaft zur uneigennützigen Hilfe ist ein integraler Bestandteil der Freimaurerei und verbindet ideelle Ziele mit praktischer Humanität. In Kiel wurde bereits 1893 mit der als »Witwen- und Waisenkasse« deklarierten *Sartori-Stiftung* eine erste entsprechende Institution gegründet, der rasch weitere folgten. Diese zunächst auf das Umfeld von Logenmitgliedern abzielenden Einrichtungen gingen in der am 24. April 1910 gegründeten Vereinigung *Rat und Tat* auf, die wiederum gemeinsam mit der *Henry und Lisbeth Lafrenz Stiftung* die Grundlage für den heutigen *Bruderhand Hilfs-Fonds e. V.* bildet. Dieser wurde 1970 gegründet und profitiert von Nachlässen, regelmäßigen Spenden und Mitgliedsbeiträgen. Dies ermöglicht es auch weiterhin, jährlich bis zu 20.000 € an wohltätigen Leistungen auszuschütten, was keiner anderen Institution in Kiel mit dieser Regelmäßigkeit möglich ist. Zu den Nutznießern gehört beispielsweise die *Zinnendorf Stiftung*. Da die gewährte Unterstützung statutengemäß Menschen zugutekommt, die nicht Mitglied der *Alma* sind, genießt der *Bruderhand Hilfs-Fonds e. V.* den Status der Gemeinnützigkeit.

pels, der zu dieser Zeit den »Charme der Vergangenheit« ausstrahlte: »Leicht bräunlich, verstaubt, leblos und ohne Wohlfühlfaktor.«[47] Manfred Pietzeck entwarf nicht nur eine neue und zeitgemäßere Ausstattung, sondern setzte diese in den Sommermonaten 1998–2001 meist im Alleingang um, was nicht weniger als 1.200 Arbeitsstunden verschlang. Das Resultat kann sich bis heute sehen lassen.

In die Zeit von Eyke Bettinghausen (*1944), der 2001 zum Logenmeister gewählt wurde, fällt die Veröffentlichung der Schriftenreihe *Quo Vadis Masonica?*, die sich ab 2002 kritisch mit Perspektiven der Freimaurerei beschäftigt. Dabei fand insbesondere das als Doppelnummer konzipierte Heft *Zwanzigsiebzehn oder Die letzte Chance!* von Joachim Woerner bundesweit so immensen Anklang, dass es mehrfach nachgedruckt werden musste.

Der ab 2006 regelmäßig stattfindende gemeinsame Neujahrsempfang der Johannislogen *Alma an der Ostsee* und *Frithjof zum Nesselblatt* erwies sich ebenfalls als großer Erfolg, in dessen Rahmen auch musikalische Darbietungen, Vorträge und Ausstellungseröffnungen integriert werden. Außerdem wurde am 18. Mai 2003 nach umfangreicher Renovierung des Logenhauses eine Arbeit des Nichtfreimaurers Markus Schier (*1967) im Foyer installiert, die in Form von fünf Objektkästen die Baukunst als Gleichnis der Freimaurerei verdeutlicht.[48]

Mit Alan Arrowsmith (1947–2015) kam 2010 erstmals ein Engländer in den Rang eines Logenmeisters der *Alma*, der sich seiner Heimat immer sehr verbunden gefühlt hat. Von 1981 bis 2006 bei der Landesbausparkasse in Kiel tätig, wirkte er nach Amtsantritt bereits auf das anstehende Logenjubiläum im Jahre 2016 hin und intensivierte die Öffentlichkeitsarbeit; beispielsweise durch den *Tag der offenen Tür*, der seit 2011 einmal jährlich und mit großer Publikumsresonanz stattfindet. Alan Arrowsmith starb nach schwerer Krankheit 2015. Seine Nachfolge als Logenmeister hat der Kieler Rechtsanwalt Norbert Jürgensen (*1959) angetreten, in dessen Amtsperiode sowohl das 150. Stiftungsfest der *Alma* 2016 als auch das 300. Jubiläum der Freimaurerei 2017 fallen.

Weiterhin von großer Bedeutung ist der gemeinnützige *Bruderhand Hilfs-Fonds e. V.*, dem vorwiegend vom Amt für Soziale Dienste der Stadt Kiel Anträge auf Unterstützung vorgelegt werden. Darüber hinaus gibt es aber auch eine entsprechende Zusammenarbeit mit den Kirchengemeinden, und schließlich kommen auch aus dem Kreis der *Alma*-Mitglieder Hinweise auf Personen, die sich in einer schwierigen Lage befinden. Hierbei werden Härtefälle bevorzugt, für die aus formellen Gründen keine andere Hilfe möglich ist. Außerdem besteht die Möglichkeit, bei Sachleistungen zusätzlich praktische Unterstützung zu gewähren, beispielsweise bei einem Umzug und der dabei nötigen Wohnungsrenovierung. Diese Haltung geht nicht zuletzt auf den Reeder August Sartori (1837–1903) zurück, der meinte: »Als Freimaurer sollte man sich bei der Wohltätigkeit nicht allein mit der Verteilung gesammelter Gelder begnügen, sondern auch tätig und praktisch mitwirken!« Neben Einzelfällen gibt es aber auch Institutionen, die vom *Bruderhand Hilfs-Fonds* unterstützt werden. Hierzu zählt etwa die *Zinnendorf Stiftung*, die in Hamburg ein Wohn- und Pflegeheim für schwerstbehinderte Menschen unterhält. Ein anderer Schwerpunkt war die über zwanzig Jahre erfolgte Kostenübernahme für die Therapie von Suizidgefährdeten, wodurch rund 150 Patienten geholfen werden konnte. Unterdessen tragen die Krankenkassen diese Maßnahme. Weiterhin gefördert wird die *Kieler Tafel e.V.*, die Bedürftige mit Lebensmitteln unterstützt. Auch wurden für das *Hospiz Kieler Förde* und die »Aktion Schulfrühstück« der Kieler *Förderschule am Rondeel* größere Summen gespendet. 2016 ging eine namhafte Summe an die *Zentrale Bildungs- und Beratungsstelle für Migrantinnen in Schleswig-Holstein e.V.*, um Lehrmittel für die Flüchtlingshilfe zu beschaffen. Jenseits hiervon spielt aber auch die regelmäßige Unterstützung der Kieler Kulturlandschaft eine große Rolle. Zu nennen wären insbesondere Hilfen für die Anschaffung von Musikinstrumenten, beispielsweise für den Probensaal des Musikwissenschaftlichen Instituts der Christian-Albrechts-Universität. Zudem wurde dort die Bürgschaft für das Gelingen der Semesterabschlusskonzerte übernommen. Generell ermöglicht die *Bruderhand* über die Kulturpartnerschaft Kindern aus sozial schwachen Familien den Besuch von kulturellen Veranstaltungen.

Internationale Kontakte gehören zum Selbstverständnis der Freimaurerei und sind Bestandteil des Aufgabenfelds, mit dem sich jedes Logenmitglied auseinandersetzt. Im Mittelpunkt steht dabei der Brudergedanke, der die Grenzen von Nationalstaaten überwindet und Gemeinsamkeiten auch im Unvertrauten entdeckt. Entsprechend herrscht unter Logen ein reger Besuchsverkehr. Die *Alma an der Ostsee* bildet hier keine Ausnahme. Ein wichtiger Schwerpunkt in dieser Hinsicht war über Jahre hinweg der Kontakt zur englischen *The Oaks Lodge No. 5921*, der auf einen privaten Kontakt zwischen Eyke Bettinghausen und dem britischen Freimaurer Ted Spall mitsamt ihrer beiden Ehefrauen zurückging. Nach einer ersten Begegnung 1975 während der 200-Jahr-Feier der Provinzialloge von Schleswig-Holstein entwickelten sich gegenseitige Besuche, die so freundschaftlich verliefen, dass es nahe lag, den Kontakt auf Logenebene auszuweiten. Dies geschah 1984 und führte in den Folgejahren zu regelmäßigen gegenseitigen Besuchen im Jahrestakt; insbesondere das fünfzigste Stiftungsfest im Jahr 1994 wurde im Beisein vieler Kieler Freimaurer und ihrer Frauen gefeiert. Erst nach der Jahrtausendwende verebbte die Freundschaft, da die am 10. Februar 1944 gegründete *Oaks Lodge* aufgrund von schwachen Mitgliederzahlen kaum noch Arbeiten ausführen konnte.[49] Der Kontakt konzentriert sich nun auf die *Crescamus Lodge* in Croydon, zu der Mitglieder der *Oaks Lodge* gehören.[50] Außerdem besteht eine Verbindung zur *Harte Lodge No. 4217* in Har-

100. Stiftungsfest der Johannisloge *Zur Hoffnung* in Swakopmund; Namibia, Juni 2008: (von links nach rechts) Peter Pohl, Uwe Lüthje, Logenmeister Gerd Vogel *(Zur Hoffnung)* Eyke Bettinghausen und Konrad Müller

tlepool. Daneben unterhält die *Alma* freundschaftliche Kontakte in die ganze Welt, beispielsweise in die Niederlande (*Vincent la Chapelle Nr. 180* in Den Haag), nach Namibia (*Zur Hoffnung* in Swakopmund) sowie Südafrika (*Zur Eintracht* in Kapstadt). Ganz besonders eng verbunden fühlen sich die Mitglieder der *Alma* mit den Brüdern in Skandinavien, die im gleichen freimaurerischen System arbeiten. Zu nennen sind die Johannislogen *Josva til de tre broer* in Haderslev (Dänemark), *Salomon à Trois Serrures* in Göteborg (Schweden), *St. Olaus til de tre Roser* in Oslo (Norwegen) und die *Ystads Frimuraeförening* in Ystad (Schweden).

Auch im 21. Jahrhundert verfügt die Johannisloge *Alma an der Ostsee* über eine ungebrochene Anziehungskraft. Dank modernisierter

100. Stiftungsfest der Johannisloge *Zur Hoffnung* in Swakopmund; Namibia, Juni 2008: Logenmeister *Zum Kreuz des Südens* aus Windhoek und Eyke Bettinghausen

Internetpräsenz und regelmäßigen Interessiertenabenden fehlt es nicht an Neumitgliedern, die die Loge mit rund 120 Freimaurern zur größten in Schleswig-Holstein und zu einer der größten im Bundesgebiet machen. Regelmäßige Aktivitäten wie Frühjahrs- und Sommerfest, gemeinsame Reisen sowie die gegenseitigen Besuche von befreundeten Logen tragen besonders zu ihrer Attraktivität bei, die über die eigentliche freimaurerische Arbeit weit hinausreicht. Es ist daher auch in Zukunft damit zu rechnen, dass die *Alma* mit den Worten Johann Hussmanns »die künftige Pflegerin oder Pflanzschule der Maurerei« in Kiel bleiben wird.

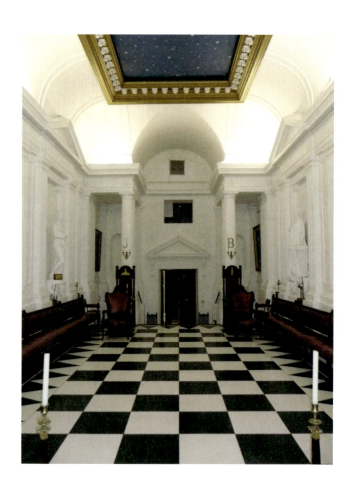

Besuch der Johannisloge *Zur Eintracht* in Kapstadt; Südafrika,
September 2011: De Goede Hoop Temple of Cape Town

ANMERKUNGEN ZUM TEXT

1 Vgl. hierzu: Hans-Hermann Höhmann, *Zwischen Aufklärung und Esoterik. Humanistische Freimaurerei als Projekt für das 21. Jahrhundert*, Salier Verlag, Leipzig 2013.
2 *125 Jahre Alma*, S. 5. Siehe hierzu das Verzeichnis der Logenschriften auf S. 104/105.
3 *100 Jahre Louise*, S. 28.
4 Graf Hans bzw. Johann Caspar von Bothmer (30. Juli 1727 – 24. März 1787) ist nicht zu verwechseln mit dem gleichnamigen kurhannoverschen Diplomaten und Minister (31. März 1656 – 6. Februar 1732).
5 Horst Wilhelm, *Die Entstehung und Entwicklung der Freimaurerlogen in Schleswig-Holstein*, Verlag Ludwig, Kiel 2005, S. 56.
6 *125 Jahre Alma*, S. 8.
7 Vgl. hierzu: *Alma-Post* Nr. 11, September 1985.
8 Hans Arp gehört zu den Stiftern der Fortunata, s. Jens Wolgast (Hrsg.). *125 Jahre Arbeit für die verbesserte Königliche Kunst in der St. Andreasloge Fortunata zu Kiel 1877–2002*, Verlag Ludwig, Kiel 2002, S. 23. Er war auch Mitglied des ersten Beamtenrats, vgl. S. 163f. Zudem dürfte er der Vater des Kieler Malers Carl Arp (1867-1913) sein.
9 Friedrich Prahl, *Kiel und nächste Umgebung, Preetz 1858*, in: *Kiels erste Stadtführer neu an den Tag gebracht und mit Anmerkungen versehen von H. Frese und Th. Thode*, Kiel 1992, Abschnitt »Bierlocale«. Seit November 1961 befindet sich am Walkerdamm 11 das Hotel *Consul*.
10 Vgl. Horst Küppers, *Gustav Karsten*, in: Hans-F. Rothert (Hrsg.), *Kieler Lebensläufe aus sechs Jahrhunderten*, Wachholtz Verlag, Neumünster 2006, S. 178–180; *100 Jahre Alma*; Wikipedia.
11 K. [= Gustav Karsten], *Zur Erinnerung an die vor 100 Jahren in Kiel gestiftete erste Freimaurerloge Louise zur gekrönten Freundschaft*, Schmidt & Klaunig, Kiel 1876.
12 Br. K. [= Gustav Karsten], *Zur Geschichte der St. Joh. Alma a. d. O. Am 25jährigen Stiftungsfeste 24. November 1891*, Handorff, Kiel 1891.
13 Vgl.: Curt Hensen, *August Anton Heinrich Sartori*, in: Hans-F. Rothert (Hrsg.), *Kieler Lebensläufe aus sechs*

Jahrhunderten, Wachholtz Verlag, Neumünster 2006, S. 288; Christian Ostersehlte, *August Anton Heinrich Sartori*, in: *Neue Deutsche Biographie*, hrsg. von der Historischen Kommission bei der Bayerischen Akademie der Wissenschaften, Bd. 22, Duncker & Humblot, Berlin 2005, S. 438.

14 Lt. *25 Jahre Alma* erfolgte die Gründung der Stiftung bereits 1879 (S. 18).

15 *25 Jahre Alma*, S. 19.

16 Vgl. Jürgen Fitschen (Hrsg.), *Das Thaulow-Museum vor 100 Jahren: das Kunstgewerbe-Museum der Provinz Schleswig-Holstein auf dem Weg zum Schleswig-Holsteinischen Landesmuseum*, Stiftung Schleswig-Holsteinische Landesmuseen Schloss Gottorf, Schleswig 2011.

17 Br. Lechner, *Festrede*, in: *50 Jahre Alma*, Privatdruck, Kiel 1916, S. 21–32, hier: S. 24.

18 *Hannoverscher Kurier, Zeitung für Norddeutschland*, 17. Januar 1934.

19 Beide Schriftstücke tragen das Aktenzeichen I A 1356/28.12.III. Als Faksimile in: Juan Maler, *Mit Freude, Stolz und Wehmut*, Bariloche, Buenos Aires 1986, S. 112.

20 *Deutsch-christlicher Orden Zur Freundschaft: Beschluss der Ordensversammlung vom 23. April 1933*, zitiert nach Freimaurer-Wiki.

21 Fragebogen mit Begleitbrief vom 6. September 1933, Logenarchiv.

22 Vortrag von Rudolf Thietz vom 24. Mai 1934, unpub. Ms., Logenarchiv.

23 *Protokoll der Versammlung vom 9. Mai 1935 im Ordenshaus Kiel, Lorentzendamm 23*, Logenarchiv.

24 Heinrich Rix: *Das Haus der Geheimnisse und des Schweigens*, in: *Nordische Rundschau* Nr. 215 v. 14. September 1935. Zit. nach: *125 Jahre Alma*, S. 20.

25 Verzeichnis der Stapo vom 22. August 1935, Logenarchiv.

26 *125 Jahre Alma*, S. 19.

27 Uwe Lüthje: *Logenhäuser in Kiel*, Vortrag, Logenarchiv.

28 Vgl. Rudolf Asmus & Erich Maletzke: *Das Haus an der Förde, 25 Jahre Schleswig-Holsteinischer Landtag 1947–1972*, Kiel 1972.

29 Geboren am 24. Dezember 1913. Abgebildet in: Kurt Jürgensen, *Die Briten in Schleswig-Holstein 1945–1949*, Wachholtz, Neumünster 1989, S. 67.

30 Thietz bezeichnet ihn als Theedes »Schwiegersohn«, *Festschrift 1953*, S. 19.

31 Vgl. *Festschrift 1953*, S. 10.

32 So in *125 Jahre Alma*, S. 27.

33 Vgl. *125 Jahre Frithjof zum Nesselblatt. 17.05.1889–17.05.2014*, Privatdruck, Kiel 2014, S. 45.
34 *125 Jahre Alma* spricht von »einer Familie« (S. 25), die Festschrift 1953 von »in der Ruine befindlichen Mieter (5 Parteien)«, S. 26. Ein Brief der Industrie- und Handelskammer zu Kiel vom 11. September 1953 präzisiert: »In den Kellerräumen der Ruine [...] ist z.Zt. noch der Schachtmeister Johann Möller mit seiner 6köpfigen Familie untergebracht.« Quelle: Stadtarchiv.
35 NN: *Dr. Rudolf Thietz gestorben*, in: *Kieler Nachrichten*, 23. August 1966.
36 NN: *Das 100. Stiftungsfest der »Alma an der Ostsee«. Johannisloge feiert vom 25. bis 27. November 1966 mit vielen Gästen ihr Jubiläum*, in: *Kieler Nachrichten*, 4. August 1966.
37 Die Inszenierung erfolgte in der Regie von Dr. Joachim Klaiber, dem Intendanten der Kieler Oper; die Leitung hatte der Generalmusikdirektor Gerhard Mandl. Premiere war am 19. Juni 1966.
38 Brief von Otto Schwartz an Joachim Steffen, 23. Oktober 1966, Logenarchiv.
39 Otto Schwartz: *Johannis-Loge »Alma an der Ostsee«. 100. Stiftungsfest*, in: *Zirkelkorrespondenz* Nr. 1/1967, S. 28–32, hier: S. 29.
40 Wilhelm Kalweit et al.: *Berichte der Johannis-Loge »Alma an der Ostsee«- Kiel aus Anlaß der Feier des 100jährigen Stiftungsfestes 1866 * 24. November * 1966*, Kiel, Privatdruck 1966.
41 *Alma-Post* Nr. 3, November 1983, S. 4.
42 *125 Jahre »Alma an der Ostsee« Kiel*, Kiel, Privatdruck 1991.
43 *Alma-Post* Nr. 24, März 1992, S. 2.
44 *»Rugia zur Hoffnung«: Ein neue Ära beginnt!*, in: *Alma-Post* Nr. 20, Juni 2007.
45 Vgl. Joachim Woerner: *Unser Sartori-Abend*, in: *Alma-Post* Nr. 7, April 2001, S. 11.
46 Philine Mannack: *Mozarts moderne Brüder. »Alma an der Ostsee«: Freimaurer ehrten langjährigen Vorsitzenden Logenmeister August Anton H. Sartori*, in: *Kieler Nachrichten*, 7. Februar 2001.
47 Manfred Pietzeck: *Aus Alt mach Neu – Der Umbau des Tempels*, S. 1, Logenarchiv.
48 Vgl. hierzu: Silke Krohn: *Vorstellung des neuen Kunstwerks im Foyer des Logenhauses*, in: *Alma-Post* o.N., Dezember 2003, S. 3/4.

49 Vgl. Gerd Michaelis: *Besuch bei der Oaks Lodge in England vom 19.–22. Oktober 2000*, in: *Alma-Post* Nr. 7, Dezember 2000, S. 8/9.

50 Vgl. Peter Pohl: *Besuch von Brüdern aus England*, in: *Alma-Post* Nr. 25, Dezember 2009, S. 10/11.

ANMERKUNGEN ZU DEN KÄSTEN

I Hans-Hermann Höhmann, *Identität und Gedächtnis. Die »völkische Freimaurerei« in Deutschland und wie man sich nach 1945 an sie erinnerte*, Salier Verlag, Leipzig 2014, S. 12.

II Ebd., S. 13.

III Rudolf Thietz: *Ein Preuße kommt nach Württemberg. Die Lebenserinnerungen des letzten Prinzenerziehers im Königreich Württemberg*, Kohlhammer Verlag, Stuttgart 2007.

BILDNACHWEIS

Steve Ludwig: S. 6, 80-81
Torsten Küster: S. 92
Logenarchiv *Alma an der Ostsee*

SCHRIFTEN DER LOGE

FESTSCHRIFTEN

Festschrift zum 100jährigen Louisen-Stiftungsfest
Zur Erinnerung an die vor 100 Jahren in gestiftete erste Freimaurerloge »Louise zur gekrönten Freundschaft« Für die säkuläre Erinnerungsfeierlichkeit am 2. Juli 1876 geschrieben von K. [=Gustav Karsten], Schmidt & Klaunig, Kiel 1876

Festschrift zum 25jährigen Stiftungsfest
Zur Geschichte der St. Joh. Alma a. d. O. Am 25jährigen Stiftungsfeste 24. November 1891 gewidmet den Bbdrn von Br. K [=Gustav Karsten], Dr. L. Handorff, Kiel 1891

Festschrift zum 50jährigen Stiftungsfest
Zum 50jährigen Bestehen der Joh.-Loge »Alma a.d. Ostsee« in Kiel, NN, Ludwig Vollmer, Kiel 1916

Festschrift zum 60jährigen Stiftungsfest
150 Jahre Maurertum in Kiel 1776–1926. Festschrift zur Erinnerung an die vor 150 Jahren in Kiel gestiftete Freimaurer-Loge »Louise zur gekrönten Freundschaft« 1776–1791 1820–1824 sowie zur Feier des 60jährigen Bestehens der Johannis-Loge »Alma an der Ostsee« in Kiel 1866–1929. Den Brüdern gewidmet von Br. Graupner, Hugo Hamann, Kiel 1926

Festschrift zur Hauseinweihung Beselerallee
Festschrift zur Hauseinweihung Beseler-Allee 38 am 28. März 1953 Geschichte der Johannisloge »Alma a. d. Ostsee« – Kiel von 1935 bis 1953, Rudolf Thietz, Buch- und Kunstdruckerei Hermann Krause, Kiel 1953

Festschrift zum 100jährigen Stiftungsfest
*Berichte der Johannis-Loge »Alma an der Ostsee« – Kiel aus Anlaß der Feier des 100jährigen Stiftungsfestes 1866 * 24. November * 1966,* Wilhelm Kalweit et al., Privatdruck, Kiel 1966

Festschrift zum 125jährigen Stiftungsfest
125 Jahre »Alma an der Ostsee« Kiel, NN [=Kurt Henkens], Privatdruck, Kiel 1991

MITGLIEDERVERZEICHNIS
Mitgliederverzeichnis der unter Konstitution der höchstleuchtenden hochwürdigsten Großen Landesloge der Freimaurer von Deutschland zu Berlin arbeitenden, gesetzmäßigen, verbesserten und vollkommenen Johannis-Loge genannt »Alma a.d. Ostsee« zu Kiel. Bei der Feier ihres 55. Stiftungsfestes am 20. Nov. 1920, Dr. Adolf, Kiel 1920

PERIODICA
Alma-Post: 77 Hefte von Juni 1983 bis Dezember 2016 sowie drei Sonderausgaben (November 1989, Dezember 1995 und Juni 2000)

Quo Vadis Masonica?
Heft 1: Joachim Woerner, *Betrachtungen 2002,* Verlag Ludwig, Kiel 2002
Heft 2: Joachim Woerner, *Wozu brauchen wir Großlogen?* Verlag Ludwig, Kiel 2002
Heft 3/4: Joachim Woerner, *Zwanzigsiebzehn oder Die letzte Chance!* Verlag Ludwig, Kiel 2004 u.ö.

CHRONIK

24. Juni 1717:
Gründung der ersten Großloge
United Grand Lodge of England, London

6. Dezember 1737:
Gründung der ersten deutschen Loge
Absalom zu den drei Nesseln, Hamburg

3. Juli 1776:
Gründung der ersten Kieler Loge
Louise zur gekrönten Freundschaft

12. März 1791:
Schließung der *Louise zur gekrönten Freundschaft*

1. Mai 1820:
Wiedereröffnung der *Louise zur gekrönten Freundschaft*

24. April 1824:
Endgültige Schließung der *Louise zur gekrönten Freundschaft*

24. November 1866:
Gründung der Kieler Johannisloge *Alma an der Ostsee*

16. Juli 1935:
Erzwungene Schließung der *Alma an der Ostsee*

17. August 1935:
Verbot der Freimaurerei in Deutschland

27. Dezember 1945:
Wiedereröffnung der *Alma an der Ostsee*

28. März 1953:
Einweihung des Logenhauses in der Beselerallee

24. November 2016:
150 Jahre *Alma an der Ostsee*

GLOSSAR

Altpreußische Großlogen: In Berlin und Preußen entstandene drei Großlogen: *Große National-Mutterloge in den Preußischen Staaten*, heute: *Große National-Mutterloge »Zu den drei Weltkugeln«*, *Große Landesloge der Freimaurer von Deutschland – Freimaurerorden*, *Große Loge von Preußen genannt Royal York zur Freundschaft*, heute: *Große Loge Royal York zur Freundschaft*.
Andreasloge: Mittlere Abteilung im Lehrgebäude des Freimaurerordens; Schutzpatron: Apostel Andreas.
Bau: Errichtung eines Salomonischen Tempels in symbolischer Arbeit.
Bruder/Bruderschaft: Bezeichnung der Freimaurer untereinander sowie ihrer Gemeinschaft, um deren Zusammengehörigkeit und Gleichheit auszudrücken.
Erkenntnisstufe: An die drei Johannisgrade anschließende weitere Grade, z.B. im Freimaurerorden als Andreas- und Kapitelgrade.
Freimaurerbund: Organisation der Freimaurer.

Freimaurerorden: Kurzbezeichnung für die *Große Landesloge der Freimaurer von Deutschland*.
Grad: Einteilung der Lehrinhalte der Freimaurerei, auch: Stufen.
Große Landesloge der Freimaurer von Deutschland/Freimaurerorden:
Eine von fünf in Deutschland bestehenden Großlogen, gegliedert in:
• Ordenskapitel
(3. Ordensabteilung)
• Provinziallogen
• Andreaslogen
(2. Ordensabteilung)
• Johannislogen
(1. Ordensabteilung)
So bildet sich ein geschlossenes Lehrgebäude mit insgesamt zehn Erkenntnisstufen.
Großloge: Höchste Organisationsstufe der Freimaurerlogen innerhalb eines Staates; sie achtet auf die einheitliche Form der freimaurerischen Arbeit.
Großloge der Alten Freien und Angenommenen Maurer von Deutschland: Hierin zusammengeschlossene Logen bearbeiten lediglich

die drei Johannisgrade, welche den gesamten Lehrinhalt der Freimaurerei enthalten.

Johannisfest: Alljährliche Feier in den meisten Logen weltweit zur Erinnerung an Johannis den Täufer, Schutzpatron der Johannislogen, an dessen Geburtstag, dem 24. Juni.

Johannisgeselle: Zweiter Grad (zweite Stufe) in der Freimaurerei.

Johannisgrade, Johannismaurerei: In einer Johannisloge erteilte Grade: Lehrling, Geselle, Meister.

Johannislehrling: Erster Grad (erste Stufe) in der Freimaurerei.

Johannisloge: Eine in den drei Johannisgraden arbeitende Loge; Eingangsstufe (untere Abteilung) im Lehrgebäude des Freimaurerordens.

Johannismeister: Dritter Grad (dritte Stufe) in der Freimaurerei.

Landesgroßmeister: Führt und beaufsichtigt die Große Landesloge, in anderen Großlogen: Großmeister.

Lichteinbringung: Feierliche Zeremonie anlässlich des ersten Stiftungsfestes einer neuen Loge oder zur Vorbereitung eines hierfür bislang nicht genutzten Raumes für die Logenarbeit. Dabei wird das ewige Licht in der Freimaurerei symbolisch auf eine noch nicht erleuchtete Arbeitsstätte übertragen. Die Lichteinbringung erfolgt des weiteren zum jährlichen Johannisfest am 24. Juni in der Großen Landesloge.

Loge: Versammlungsraum der Freimaurer; auch: die versammelte Bruderschaft.

Logenmeister: Vorsitzender einer örtlichen Loge des Freimaurerordens, in Logen anderer Großlogen: Meister vom Stuhl.

Ordenskapitel: Obere Abteilung im Lehrgebäude des Freimaurerordens.

Provinzialloge (von Schleswig-Holstein): Grundsätzlich an den Ländergrenzen orientierter Zusammenschluss von Johannislogen und Andreaslogen des Freimaurerordens, geleitet von dem jeweiligen Provinzialmeister als Beauftragtem des Landesgroßmeisters.

Provinzialmeister: Leitet die Provinzialloge und vertritt den Landesgroßmeister gegenüber den Johannislogen und Andreaslogen seiner Provinz.

Ritual: Besondere Form der freimaurerischen Arbeit, angelehnt an Gebräuche der alten Steinmetzbruderschaften.

Schwedisches System/Schwedische Lehrart: Von der übrigen Freimaurerei abweichende, aus Skandinavien stammende christliche Form der Freimaurerei.

Schwesternfest: Besondere Feierlichkeit zu Ehren der allgemein als »Schwestern« bezeichneten Partnerinnen der Freimaurer.

Stiftungsfest: Feierliche Eröffnung einer neuen Loge; in den Folgejahren besondere Arbeit zur Erinnerung an den Stiftungstag.

Strikte Observanz: 1761 in Deutschland durch den Reichsfreiherrn Karl Gotthelf von Hund (1722–1776) eingeführtes und von den Tempelrittern abgeleitetes Hochgradsystem aus Frankreich. Strenger Gehorsam (daher die Bezeichnung) bildete den Grundgedanken dieses Ordens. Mit dem Wilhelmsbader Konvent 1782 löste sich das System auf.

Tafelloge: Insbesondere zum Stiftungsfest und Johannisfest auf die Arbeit folgendes festliches Mahl nach entsprechendem Zeremoniell.

Tempelarbeit: Rituelle Zusammenkunft von Brüdern in einer Loge.

United Grand Loge of England *(Vereinigte Großloge von England)*: Älteste und größte Großloge weltweit, gilt als »Mutterloge« der Freimaurerei.

Vereinigte Großlogen von Deutschland – Bruderschaft der Freimaurer: Zusammenschluss der in Deutschland bestehenden fünf Großlogen.

- *Großloge der Alten Freien und Angenommenen Maurer von Deutschland*
- *Große Landesloge der Freimaurer von Deutschland*
- *Große National-Mutterloge »Zu den drei Weltkugeln«*
- *American Canadian Grand Lodge*
- *The Grand Lodge of British Freemasons in Germany*

DANK

Der Verfasser dankt sehr herzlich Dr. Eyke Bettinghausen, Uwe Lüthje und Klaus Richter von der Freimaurerloge *Alma an der Ostsee* für die bereitgestellten Materialien und ihre unermüdliche Unterstützung bei der Manuskripterstellung über alle Arbeitsphasen hinweg, Logenmeister Norbert Jürgensen für das Vorwort sowie Dr. Steve Ludwig, Dr. Jennifer Lorenzen-Peth und Selina Schnetger vom Verlag Ludwig für ihren Elan, aus dem Text ein Buch zu machen.

Besonderer Dank gilt Alan Arrowsmith, Logenmeister von 2010 bis 2015, der das Projekt initiierte und mit seinen Vorstellungen von einer zeitgemäßen, modernen und weltoffenen Loge maßgeblich prägte, aber dessen Abschluss nicht mehr miterleben konnte.

Bibliografische Information der Deutschen Nationalbibliothek

Die Deutsche Nationalbibliothek verzeichnet diese Publikation in der Deutschen Nationalbibliografie; detaillierte bibliografische Daten sind im Internet über http://dnb.dnb.de abrufbar.

Das Werk ist in allen seinen Teilen urheberrechtlich geschützt. Jede Verwertung ist ohne Zustimmung des Verlages unzulässig. Das gilt insbesondere für Vervielfältigungen, Übersetzungen, Mikroverfilmungen und die Einspeicherung und Verarbeitung durch elektronische Systeme.

© 2016 by Verlag Ludwig
Holtenauer Straße 141
24118 Kiel
Tel.: 0431–85464
Fax: 0431–8058305
info@verlag-ludwig.de
www.verlag-ludwig.de

Satz & Layout: Selina Schnetger

Gedruckt auf säurefreiem und alterungsbeständigem Papier
Printed in Germany

ISBN 978-3-86935-285-5